당신이
부자가 되길 바라는 마음으로
책을 만들었습니다.
이왕이면,
행복한 부자가 되었으면
좋겠습니다.

이 웅 기 드림.

부자아빠의
돈 공부

200억 부자아빠가
아들에게만 알려주는 재테크의 비밀 33

부자의 나침반
4

부자아빠의 돈 공부

이용기(부자아빠) 지음

동양북스

아들아, 재테크 세상엔 '꼭 해야 할 것'과 '피해야 할 것'이 있다

'사람에게 가장 큰 상처는 빈 지갑이다.'

탈무드에 나오는 말이다. 유대인들이 돈을 얼마나 중요하게 생각하는지 짐작할 수 있다.

유대인들은 아이가 어려서부터 경제교육을 한다. 남자 13살, 여자 12살이 되면 성인식을 치르는데, 이때 가족과 친척들은 세 가지 선물로 율법서, 시계, 축의금을 준비한다.

먼저, 신앙심이 투철한 민족답게 율법서를 선물한다. 시간을 소중히 여기고 다른 사람과의 약속을 지키라는 의미로 시계도 선물한다. 그리고, 축의금을 선물한다. 이때 축의금은 수백만~수천만 원 정도다. 아이는 이 돈을 예금과 주식 등에 투자하고, 20살 성인이 되면 어느새 이 돈은 그들의 종잣돈이 되어 있다.

어릴 때부터 하는 경제교육은 어른이 된 후에 빛을 발한다. 월가에서 영향력 있는 인물 중 상당수를 보아도 알 수 있다. 그래서 유대인 중에 부자가 많다.

모든 사람이 부자가 되고 싶어 한다. 그리고, 세상의 모든 아버지는 아들딸이 풍족한 삶을 누리길 바란다.

그러나 부자가 되는 과정이 만만치 않다. 아끼고 아껴도 돈을 모으기 쉽지 않다. 힘들다고 포기하거나 조급해진다. 세상은 빠르게 진화한다. 경제 또한 시시각각 변한다. 그러니 새로운 경제 환경, 재테크 트렌드를 따라가려면 기필코 '돈 공부'를 해야 한다.

아버지는 넉넉한 가정에서 태어났지만, 할아버지가 돌아가시면서 한순간에 '가난한 집 막내아들'이 되어버렸다. 겨우 학교를 졸업하고 결혼했고, 딸과 아들의 아버지가 되었다. 14년간 안정적인 직장생활을 하기도 했지만, 회사가 인수·합병이 되면서 갑자기 퇴사하게 되었다. 그렇게 준비 없이 사업을 시작했고 22년 동안 해오고 있다. 사업을 하면서 성취의 기쁨도 있었지만, 질곡의 아픔도 있었다.

사소한 일에 감정이 상해 큰일을 그르치는 경우도 많았다. 감정이 상하면 냉정하게 보지 못하고 올바른 판단을 하지 못했다. 긴장감, 스트레스가 심하고 조바심 나는 상태가 많았다. 그럼에도 내 아들딸에게 가난만은 대물림할 수 없다는 생각으로 지금까지 쉼 없이 달려왔다.

직장인으로 그리고 사업가로 살면서 여러 번 도산의 위기도 겪었고, 큰돈을 벌기도 했다.

아버지는 이런 성공과 실패를 통해 실전에서 통하는 재테크 노하우를 알게 되었다. 부자가 되기 위해 '꼭 해야 할 것'과 '피해야 할 것'을 구분할 수 있게 되었다. 그리고 이제 "최악의 순간만 피하면 언젠가 다시 기회를 얻을 수 있고, 이것만은 걸러내라"고 말할 수 있다.

"아들아, 인생은 생각보다 길다.
그러니 하루빨리 돈 공부를 해서 다가올 기회를 잡아라."

우선, 모든 투자는 종잣돈이 있어야 한다. 종잣돈을 만들려면, 돈을 모은다는 것의 진짜 의미가 무엇인지, 어떻게 모으는 것이 효율적인지 알아야 한다. 은행만이 금융은 아니다. 금융

부자아빠의 돈 공부

상품이 너무 많아 자신에게 맞는 상품을 고르는 게 쉽지 않다. 돈 공부를 해야 하는 또 다른 이유다.

소비에 대한 개념도 정확하게 알아야 한다. 기부도 알아야 한다. 소비와 기부의 차이는 목적과 의도에 있다. 소비는 개인의 욕구를 충족시키기 위한 것이지만, 기부는 타인이나 사회에 도움을 주기 위해 자신의 이익을 희생하는 행위다.

돈 공부를 하느냐, 마느냐에 따라 인생의 성패가 갈릴 것이다. 이 책에 돈을 대하는 태도, 돈의 흐름 그리고 투자에 대해 아는 대로 정리했다. 부자가 되어야 할 이유에 대해서도 논했다. 국제적인 이슈와 증여, 돈 되는 콘텐츠에 대한 기본적인 내용도 정리했다.

이 책이 내 아들딸뿐만 아니라 돈 공부가 필요한 사람들에게 길라잡이가 되었으면 좋겠다.

항상 아들딸을 응원하는
아버지가

머리말

아들아, 재테크 세상엔
'꼭 해야 할 것'과 '피해야 할 것'이 있다 • 4

1장 부자가 꼭 되어야 할 이유 9가지

"아들아, 사람에게 가장 큰 상처는 빈 지갑이다"

2장 부자의 마인드로 세상을 보라

"아들아, 부자처럼 생각하면 부자가 될 것이다"

3장 안정적인 재테크의 비밀 7가지

신중하고 꼼꼼한 딸을 위한 투자법

4장 적극적인 재테크의 비밀 6가지

침착하지만 도전적인 아들을 위한 투자법

5장 돈 공부를 하면 얻게 되는 것들

"아들아, 부자가 되어 원하는 삶을 살아라"

맺음말

사람에게 가장 큰 상처는 빈 지갑이다

1장

부자가
꼭 되어야 할
이유 9가지

"아들아, 사람에게
가장 큰 상처는 빈 지갑이다"

빚을 유산으로 받으니 더 간절했다

절실함

아버지가 열여섯 살 때 할아버지가 돌아가셨다.

원래 우리 집안은 시골에서 제법 넉넉한 형편이었다. 늦둥이 막내아들로 태어난 아버지는 부모님의 귀여움을 독차지했다. 당시 할아버지, 할머니는 교육열이 대단한 분이었다. 만석꾼의 아들이었던 할아버지는 여섯 명의 자식을 가르치느라 물려받은 논밭을 모두 팔았다.

공무원에서 정년퇴직한 할아버지는 이후 10년간 사업을 했다. 그런데 방수페인트 시공업, 연탄아궁이 설비업, LNG 곤로 대리점 등 손대는 일마다 망했다. 1979년에 할아버지가 돌아가셨는데 그때는 이미 사업을 접은 상태였다.

어느 날 아버지와 할아버지, 할머니 셋이 늦은 점심을 먹고 있었다. 친척 채무자에게 전화가 왔고 아버지가 큰소리로 돈을 갚으라고 독촉했다. 혼을 내기도 하고 어르기도 했다. 그러다가 갑자기 할아버지가 "너, 이놈!" 하고 소리치면서 전화기를 놓치고 뒤로 넘어지셨다. 뇌출혈이었다. 유언 한마디 없이 그렇게 돌아가셨다.

할아버지는 큰 빚을 남기셨다.

차용증을 들고 소문 오는 사람이 점점 늘어났다. 채무는 감당하지 못할 만큼 큰 액수였고 식구들은 어찌할 바를 몰랐다. 아버지의 사촌형이 '빚잔치'를 제의했다. 가진 돈 전부를 내놓고 채권자들에게 나누어 가지라고 하는 것을 빚잔치라고 한다. 당시 아버지의 큰형은 독일 유학 중이었고, 큰누나는 출가외인이었다. 둘째 형은 26살로 군대에서 중위였다. 상황이 이러니 누구 하나 합리적인 판단을 내릴 만한 사람이 없었다.

결국, 사람들에게 떼밀려 빚잔치가 열렸다. 할머니와 26살 풋내기 군인이 주관했다. 살던 집을 제외한 새마을주택 9채, 논 9홉 마지기로 빚잔치를 끝냈다. 그런데, 몇몇 다른 채권자가 차용증을 들고 다시 나타났다. 아버지의 형들은 다시 생긴 빚을 갚아나갔다.

부자아빠의 돈 공부

그리고, 9년이 지나 아버지가 취업을 했다. 집안의 빚은 여전히 남아 있었다. 아버지도 매월 30만 원씩 3년간 빚을 갚아 나가야 했다.

집이 망한 후 뼈저리게 가난을 겪으면서 부자가 되어야겠다고 마음먹었다. 고등학교 공납금을 내지 못해 서무과 복도에 일렬로 서서 몽둥이로 머리를 맞은 서러움은 지금도 잊을 수 없다. 독서실 바닥에 똬리를 틀고 새우잠을 자며 공부했다. 나중에 사업을 해서 보란 듯이 성공해야겠다고 다짐했다.

돈 욕심만으로 시작된 투자는 역시 쉽지 않았다

대학생 때 쌈짓돈으로 주식 투자에 뛰어들었고, 회사에 들어가서도 주식 투자에 관심이 많아서 계속 했다.

당시 회사에서는 직원복지 제도로 '주택취득자금 대출'을 해주었는데, 3천만 원을 연 4%의 금리로 3년 거치, 10년 분할 상환 조건으로 빌려주었다. 당시 은행의 대출금리는 13%, 연체율은 19%를 넘나들었다. 4% 이자를 내는 회사 대출은 꼭 받아야 하는 좋은 조건이었다. 1991년 28살 때 회사 대출과 전세를 끼고 첫 집을 매입했다. 그래도 여전히 투자의 대부분은 주식이었다.

결혼하고 맞벌이를 했지만, 엄마가 둘째를 임신하면서 사표를 냈다. 이후 외벌이로 두 아이를 키우는 것은 벅찬 일이었다. 본사 근무 8년 만에 지방발령이 났다. 이때 전세로 살던 개포주공아파트를 살 수 있는 기회를 놓쳤다. 나중에 금싸라기 아파트가 되었는데, 그때는 전혀 보는 눈이 없었다.

그리고 몇 년 뒤 IMF가 터졌다. 회사는 허구한 날 월급을 삭감하거나 반납시켰다. 투자한 주식은 헐값이 되었다. 우리사주로 가지고 있던 회사 주식도 반값이 되었다. 이 무렵, 엄마가 다시 임용고시를 보고 맞벌이에 나선 것이 그나마 다행이었다.

1999년에는 코스닥에 IT 관련주 광풍이 불었다. 수십 일 동안 상한가가 예사였다. 인터넷 전화 관련주, 인터넷 보안 관련주에 눈이 멀었고 올인했다. 그렇게 딱, 두 종목으로 무너졌다. 용인에 전세 놓은 33평 아파트만 남기고 모든 재산을 주식 투자로 잃었다. 원주에 살고 있던 집도 사택이라 아버지 소유가 아니었다.

그때, 평생 다시는 주식 투자를 하지 않겠다고 결심했다. 이후, 25년이 지난 오늘까지 주식 투자를 하지 않고 있다.

부자아빠의 돈 공부

대신, 첫 집을 산 뒤부터 33년간 부동산 투자를 해오고 있다. 2002년부터 사업을 하며 목돈을 굴릴 수 있었던 것은 부동산 투자를 하는 무기가 되었다. 하지만, 초기 25년간 부동산 투자는 그리 신통치 않았다. 그러다가 내공이 쌓여 최근 8년간 투자에서 대박이 났다.

아버지는 부동산 투자를 하면서 최고 한도까지 대출을 이용하지는 않았다. 시세보다 높은 임대를 놓은 악성 임대인도 아니다. 대기업에 세를 놓은 상가의 임대료도 7년 동안 올리지 않았다. 다른 일곱 군데 세입자에게도 월세를 올린 적이 없다. 대출은 분할상환 방식으로 원금 일부를 매달 차곡차곡 상환하고 있다. 임대수입의 50%를 원금상환에 쓴다. 50% 빚 상환을 하는 것은 수입 절반을 저축하는 50대 50의 원칙을 실행하는 효과와 같다. 아버지는 레버리지를 적극 활용했지만, 대출도 임대계약도 무리하지 않은 수준으로 유지하고 있다.

은행이자보다 못한 수익률이 나오는 투자도 있었다. 땅을 개발하다가 건축 관련법을 어겨 벌금형을 받기도 했다. 하지만, 최근 8년의 투자를 통해 자신감이 높아졌다.

벅차게 살아간다는 것이 돈만으로 되지 않는다는 것을 안다. 하지만 돈이 없거나 모자라면 불안해진다.

사랑하는 아들아! 부를 통해 불안과 초조를 줄일 수 있다면 부자가 되는 게 낫지 않을까?

NBA 댈러스팀의 구단주인 마크 큐반은 "스스로 번 돈은 스스로 만든 행운으로부터 온다"고 말했다.

아들아! 너도 꼭 행운을 만드는 사람이 되어라.

'부자는 탐욕스럽다', '부자는 죄인이다', '돈은 더럽다'라는 말을 내뱉어 자신에게 나쁜 돈 개념을 심지 마라. 건전한 방법으로 부자가 된 사람도 많다. 정부 탓, 시장 탓 등 남 탓하지 마라. 남을 탓하는 것은 자기 합리화나 마찬가지다.

『백만장자 시크릿』(알에이치코리아, 2020)의 저자 하브 애커는 "부자들을 감탄하라! 축복하라! 사랑하라!"고 말했다.

성공한 부자처럼 생각하고 행동하면 그들과 같은 결과를 얻을 수 있다. 다른 사람이 잘 된 이야기를 조롱하거나 흠을 잡아, 자기 수준으로 끌어내리는 사람은 성공할 수 없다는 걸 기억해라.

부자아빠의 돈 공부

부자가 되어야 할 자신만의 절실한 이유를 찾는 것부터 시작해보라.

돈을 어떻게 모을 것인가?

(저축)

어린 아들딸의 통장을 만들어주었던 때가 생각난다.

첫 돌이 지나고 아이들 이름으로 된 통장을 만들었다. 세뱃돈으로 받은 돈과 돌잔치 때 받은 금반지를 팔아 통장에 넣어주었다. 몇 년 동안은 아버지가 통장을 관리했지만, 아들딸이 초등학생이 된 뒤 스스로 보관하게 했다.

2009년 5월에 미성년자도 주택청약저축에 가입할 수 있도록 법이 바뀌었다. 아들딸 명의로 주택청약저축 통장을 만들어주었다. 월 최저납부액인 2만 원씩 납입하다가 아들딸이 취업한 후부터는 직접 납입하도록 했다.

그리고 만 15세가 되어 종신보험 가입이 가능해졌을 때, 보험에도 가입해주었다. 이것도 아들딸이 취업한 뒤 보험계약자를 변경하여 지금은 아들딸이 직접 납입하고 있다. 실비보험과 다른 보험도 마찬가지로 계약자를 변경했다.

아들딸이 통장과 보험증권을 직접 보관하기 시작한 건 초등학교에 들어갈 때부터다. 책상 서랍을 열어 통장을 볼 때마다 부자가 된 미래의 이미지를 끌어오도록 유도했다.

아들딸이 결혼할 때는 결혼선물로 금고를 사주려고 마음먹고 있다. 아버지는 금고를 두 개 가지고 있는데, 꽤 괜찮은 것 같다. 금고 하나에는 부동산 관련 문서, 각종 통장, 보험증권, 그리고 약간의 외화를 넣어 두었다. 또 다른 금고에는 아버지가 소유한 법인 관련 서류와 부동산임대사업자 관련 서류, 인감도장을 보관하고 있다.

아들도 금고를 가지게 된다면, 부자가 된 미래의 모습이 더 뚜렷이 그려질 것이다. 돈을 소중히 보관해야 한다는 잠재의식이 강해질 수밖에 없다.

평범한 우리는 평범한 과정을 거쳐 돈을 모은다.

'취업을 해서 월급을 받고, 필수로 국민연금과 퇴직연금에 가입된다. 저축을 하고, 알뜰 쿠폰도 모으며 절약한다. 종잣돈

을 모으고, 투자를 통해 돈을 불리고, 주택을 구입한다. 그렇게 계속 돈을 불려나간다.'

이런 과정은 시간이 오래 걸린다. 그 과정에서 중요한 건 돈을 대하는 태도를 갖추는 것이다.

AI 시대가 되었다고 하지만 세상의 변화가 한꺼번에 일어나지는 않는다. 진짜 부자는 한탕이 아니라 과정에 의하여 만들어진다는 걸 알아야 한다. 부자가 되는 일은 한순간에 공짜로 이루어지지 않는다.

인도인의 90% 이상이 가난한 이유는 죽은 후의 내세를 믿기 때문이라는 말이 있다. '어차피 빈손으로 간다'는 가치관이 부자가 될 의지를 꺾는다는 것이다.

이 이야기를 통해서도 생각하는 것에 따라 부의 크기가 달라진다는 걸 알 수 있다. 주변에서 성공을 거둔 사람을 보며 미리 낙담하지 마라. 생각이나 관점만 바꾸어도 그 사람처럼 될 수 있다.

첫 통장을 바이블처럼 여기는 마음이 그 시작점이 될 것이다. 통장을 성경이나 경전처럼 귀하게 여겨야 한다.

부자아빠의 돈 공부

통장을 경전처럼 여겨라.

버는 돈 50% 이상은 저축하는 걸 목표로 한다.

돈을 어떻게 쓸 것인가?

지출

26년 전에 있었던 이야기다. 당시, 엄마는 교사직을 그만두고 전업주부로 있었다. 당시 내 월급만으로 네 식구가 살기에는 빠듯했다.

그럼에도 불구하고, 엄마는 아들딸의 유치원을 좋다고 소문난 곳으로 보냈다. 또한, 다섯 살, 네 살 연년생 아이들을 '영어 동화 읽기' 클래스에 보내자고 했다. 우리 집 형편에 돈이 문제였다. 우리는 크게 다투었다. 아버지는 "유치원만 해도 벅찬데 그것까지 할 필요가 있냐"고 했고, 엄마는 "교육만은 최고로 시키자"고 했다.

당시 우리 모습을 본 아들이 매우 놀랐던 모양이다. 아들이 스무 살이 넘어서야 우스갯소리로 한 말이지만, 당시 우리 집이 무척 가난한 줄 알았다고 했다. 그러다가 어느 날 넓은 아파트로 이사 갔을 때는 많이 혼란스러웠다고 했다. 그저, 유치원 때처럼 엄마가 그 아파트를 사자고 했고, 아버지는 엄마와의 싸움에 져서 집을 산 거로 짐작했다고 말했다. 그렇게 우리 가족이 한바탕 웃었다.

요즘엔 자녀가 한두 명에 불과해서 부모들이 아이가 한 일을 대신해 주는 경우가 많다. 하지만 이런 방식으로 교육하면 아이들은 자기 주도적으로 사는 능력이 떨어진다.

세상은 점점 복잡해지고 있다. 돈은 무엇인지? 소비와 저축의 메커니즘이 어떻게 돌아가는지 스스로 깨우쳐서 알아야 한다. 저축의 개념, 예산의 중요성을 알아야 한다. 개념을 알아야 자신의 일상생활과 경제생활을 영위하는 데 도움이 된다.

경제에 대한 개념을 이해한 후엔 판단이 중요하다. 소비하는 것도, 재무관리도 올바른 결정이 필요하다. 전문가라 할지라도 모든 판단을 옳게 하기는 어렵다. 하지만 성공하는 사람들은 80% 이상 바른 판단을 한다. 경제교육은 학교 교과과정에서 습득할 수 없다. 어려서부터 경제에 대한 기초지식과 원리, 시장의 작동원리, 소비자와 생산자의 역할을 배워야 한다.

부자아빠의 돈 공부

경제를 잘 알아야 나중에 성공은 물론 부자도 될 수 있다.

하지만, 아무리 지출을 줄인다고 하더라도 패션 비용과 책값은 아끼면 안 된다. 자기를 표현하는 것, 마음의 양식을 쌓는 일은 중요하다. 겉모습과 독서는 남에게 좋은 인상을 심어주고 현명한 사람으로 만들어준다. 여행 갈 때 멋진 옷을 입고 책을 들고 가는 것은 당연한 것이다.

여행을 위한 지출도 아끼지 않았으면 한다. 아버지는 사진을 찍자마자 다음 행선지로 허겁지겁 옮겨다니는 여행은 안 하려고 한다. 대신 여행을 떠나기 전에 충분히 정보를 수집하고 일정을 짠다. '젊어 고생은 사서도 한다'는 말이 있다. 일부러라도 고생을 해보라는 뜻이다. 자유여행을 떠나면 열이면 아홉은 일정이 바뀌거나 차편을 놓치는 일 등 예상치 못한 경우가 생기기 마련이다. 하지만, 이것 또한 여행의 즐거움이지 않겠는가.

『세이노의 가르침』(데이원, 2023)에 이런 말이 나온다.

"얽매여 살면서 흐르는 시간은 크로노스이고, 좋아하는 일을 하는 의미 있는 시간은 카이로스이다. 크로노스의 굴레를 벗어나 카이로스의 삶을 살라."

돈이 되는 시간은 카이로스의 시간이라는 것을 알려주는 표현이다. 여기서, 크로노스는 단지 양적인 시간을 뜻하며, 카이로스는 특별한 기회의 시간을 뜻한다.

여행은 카이로스의 시간이다. 스쳐본 것이라도 추억이 되고 경험이 된다. 여행 경험은 세상을 산업으로 보는 눈을 키우게 한다. 세상을 산업으로 보는 여행을 떠나라.

부자아빠의 돈 공부

지출은 지독하게 줄여야 한다.
하지만, 옷값, 책값, 여행비는 아끼지 마라.

돈을 어떻게 아낄 것인가?

절약

삶의 수준을 유지하면서 저축할 수 있는 돈의 크기는 사람마다 다르다. 그것을 감안하고, 아버지가 생각하는 절약의 효과는 이렇다.

첫째, 월급에서 3년 동안 매월 50만 원을 저축할 수 있다면, 이자를 합쳐 3년 후에 약 2천만 원을 모을 수 있다. 한편, 월 50만 원을 절약하는 것은 50만 원을 저축하는 효과와 같다.

둘째, 50만 원을 저축하는 것과 50만 원을 절약하는 것을 동시에 할 수 있다면, 100만 원을 모으는 효과가 있다. 저축과 절약을 동시에 하면 돈을 모으는 효과는 배가 된다는 말이다.

셋째, 1억 5천만 원의 돈을 다른 데 쓰지 않고 은행의 정기예금에 넣어 4%의 이자를 받는다고 치면, 연 수익은 5,076,000원이다. (1억 5천만 원의 4%인 6백만 원에 15.4%의 이자소득세를 내고, 실제 수령 가능한 돈)

매월 50만 원을 절약하는 것을 역산한다면, 이 정도 규모라는 얘기다. 즉, 50만 원씩을 매달 모으는 건 수중에 1억 5천만 원을 갖고 있는 것과 같다.

물가상승률만큼 매년 돈의 가치가 떨어진다는 것을 감안하면, 은행의 예금이자는 본전이거나 마이너스라고 보는 것이 맞다.

생활 수준에 대한 이야기도 잠깐 해보자.

일상생활에서 주거와 식생활 그리고 패션, 즉 의식주를 빼놓고 설명할 수 없다. '직주근접'이라는 말이 있다. 직장에서 근접한 지역에 거주할수록 삶의 질이 높아진다는 말이다. 직장이 도심인데 직장 주변에 살려면, 비용이 상대적으로 높아질 수밖에 없다.

A는 시간을 아끼기 위해 거주비용이 많이 드는 도심지역을 택했다. 이때, 아낀 시간을 어디에 쓰느냐가 중요하다. 성장을 위한 공부, 문화생활, 운동 등에 투자한다면 비용을 조금 더 쓰는 대신 시간을 번 것에 찬성한다. 그러나 유흥이나 잠을 더 자려고 비용과 시간을 바꾸는 것이라면 찬성할 수 없다.

식비와 패션 비용도 마찬가지다. 술값, 잘 입지 않는 옷값, 충동구매로 산 음식재료는 과소비를 한 것과 같다. 먹고 입는 것을 아끼라는 것이 아니라 불필요한 소비를 하지 말라는 것이다. 사재기를 하면 안 된다.

사실 아버지도 한때는 잘 입지 않는 옷이나 싼 물건을 사 모은 적이 많았다. 마트에서 식재료가 싸면 잔뜩 사와서 냉장고를 채웠다. 그러다가 몇 년 전, 전원주택으로 이사할 때부터 미니멀 라이프로 살기로 마음먹었다. 특히 음식물을 조금만 구입하려는 마음은 이제 습관이 되었다.

살다 보면, 냉장고는 음식물 쓰레기장, 옷장은 옷 쓰레기장, 신발장은 신발 쓰레기장으로 변해간다. 이사를 하면서 많이 버리지만, 사재기를 하다 보면 또다시 쓰레기장처럼 변하곤 한다. 과잉소비를 하지 않고 먹을 만큼만, 입을 만큼만 구입하려는 노력을 앞으로도 계속 할 것이다.

절약과 인색함은 다른 것이다. 절약의 반대말은 낭비다. 대중목욕탕에서 물을 지나치게 쓰는 사람을 보면, 얌체라고 생각한다. 뷔페식당에서 먹지도 못할 만큼 음식을 담아오는 사람을 보면, 부자가 될 자질이 없다고 생각한다.

남의 것을 귀하게 여기지 않는 사람에게는 큰돈이 굴러들어오지 않는다. 돈은 에너지이기 때문이다.

부자아빠의 돈 공부

절약은 기본, 과소비는 금물!

아들아, 돈 공부는 빠를수록 좋다

일단 시작

인생에서 중요한 일은 갑자기 일어난다.

아버지는 2002년에 다니던 회사가 인수·합병이 되면서 갑자기 퇴직했다. 그렇게 서른아홉 살에 제대로 된 준비 없이 사업을 시작하게 되었다.

엄마가 공무원 철밥통이라는 생각에 재취업보다는 사업을 하기로 마음먹을 수 있었다. 할아버지처럼 되고 싶지 않았기 때문에 돈을 들이지 않고 사업할 길을 찾았다.

다니던 회사와 연관된 분야에서 창업하기로 하고, 주변의 도움을 받아 사무실을 마련했다. 그리고 다니던 회사에서 몇 명을 고용했다. 50만 원을 들여 중고 집기와 에어컨을 구매해서 미미하게나마 사업을 시작할 수 있었다. 2년 정도 시간과 노력을 기울여보고 안 되면 사업을 그만두고 다른 일자리를 찾으려고 생각했다.

처음에 사업을 시작했을 때는 최종 의사결정을 해야 한다는 부담감이 컸다. 큰 결정 앞에서 불안하고 두려운 경우도 많았다. 매출도 부침이 심했다. 큰돈을 벌 때도 있었지만, 만성 적자로 절박한 순간도 있었다. 사채를 빌려 직원 월급을 주기도 했고, 사기를 당해 큰돈을 잃기도 했다. 10년 동안 호황기였지만, 2017년부터 사기를 당하는 경우도 많았다. 100여 명이 넘는 사람들에게 수십억 원을 사기 당한 적도 있다. 여러 번, 국세청 감사를 받는 어려움도 겪었다. 사기꾼을 고소하고 경찰, 검찰 수사를 진행했다. 사기꾼 일부를 투옥시켰지만 분노는 가라앉지 않았다.

그렇게 산전수전 겪으며 22년 동안 사업을 하면서 깨달은 것이 많다. 특히, '언행일치'가 얼마나 중요한지 몸소 알게 되었다.

2017년부터 아버지는 지인들에게 수시로 돈을 빌리고 있다. 이때 갚기로 약속한 날은 어긴 적이 한 번도 없다. 은행 대출이자의 납입도 절대 어기지 않는다. 카드결제액을 연체한 적도 없다. 돈에 관해 '뱉은 말은 무슨 일이 있어도 지킨다'는 언행일치 원칙은 사장으로서 아버지의 브랜드가 되었다.

돈에 관한 약속을 허투루 저버리지 않았다는 말이다. 돈거래를 안 하는 게 좋지만 사업을 하다 보면 부득이한 경우가 생긴다. 일단, 돈을 빌렸으면 정확하게 약속대로 갚아야 한다. 내 돈이 아깝고 소중한 만큼 누구에게든 돈은 귀한 것이다.

우리가 돈 공부를 꼭 해야 하는 이유

돈은 항상 우리의 관심사다. 오늘날 경제체계는 고대 바빌로니아와 유사하다고 한다. 인류는 5천 년 전부터 물건을 사고 팔며 살아왔다. 크게 보면, 물건교환을 위해 점토 조각을 쓰는 대신 돈이나 플라스틱 카드를 이용하는 것으로 대체되었을 뿐이다.

경제의 사전적 정의는 '재화나 용역을 생산, 분배, 소비하는 활동'이다. 사람은 살아가기 위해서 재화가 필요하다. 재화는 공기처럼 매매가 되지 않는 자유재도 있지만, 대개는 욕망에 비해 그 양이 한정된 경제재다.

돈을 모으려면 돈을 버는 방법, 돈을 사용하거나 저축하는 방법까지 알아야 한다. 노동이나 투자수익으로 돈을 버는 일은 정당한 방법이다. 우선, 돈을 얻는 일은 가치 있는 일이라는 믿음을 가져야 한다. 소비하거나 저축하는 일은 자신이 책임져야 하는 일이다. 부당한 방법으로 얻거나(사기, 뇌물 등) 사용하는 것은 범죄다. 돈을 올바로 보는 눈을 갖춰야 넓은 경제 마인드를 가질 수 있다.

"이 정도면 족해", "모든 걸 다 가질 수는 없어"라고 스스로를 합리화하는 것은 가난한 사람들의 방어기제다. 세상에 돈은 한정되어 있어서 내가 가지면 남이 덜 가질 것으로 생각하는 사람이 있다. 혹은, 부자들 때문에 내가 가질 돈이 모자랄 것이라고 생각한다. 전혀 그렇지 않다.

돈은 매일 찍어내고 있다. 늘어나는 화폐를 누가 가지든 시중에 돈은 날마다 늘어나고 있다. 돈을 무한정 찍어낼 수는 없겠지만 돈이 계속 늘고 있다는 거시적인 관점을 가져야 한다.

엠제이 드마코는 『부의 추월차선』(토트, 2022)에서 세 가지의 길을 소개했다.

첫째는 인도(人道)로 가는 가난의 길이다.

둘째는 서행차선으로 가는 평범한 길이고,

셋째는 추월차선으로 가는 부자의 길이다.

이렇게 세 가지의 길은 매우 다른 모습이다.

주인공 엠제이는 부모가 이혼해 엄마와 살아야 했다. 엄마는 KFC에서 닭 튀기는 일을 했다. 엠제이는 뚱뚱한 아이였고 TV 리모컨을 누르며 빈둥대는 어린 시절을 보냈다. 하지만 어느 날, 람보르기니를 타는 사람을 목격한 후 자신도 람보르기니를 타겠다는 꿈을 가지게 된다. 차 사진을 벽에 붙이고 노력한 결과, 25살에 실제로 람보르기니 주인이 된다. 90초 동안 멋진 차를 만난 후 각성한 것이다. 자수성가한 젊은 부자를 연구하고 따라서서 기필코 자신의 꿈을 이루어 냈다.

또한, 하와이 사람들에게 전해지는 '후나 철학'이라는 것이 있다. 끌어당김의 법칙과 비슷한 양자물리학의 이론이다. 그 안에 다음과 같은 말이 있다.

"네가 원하는 것을 가진 사람들을 축복하라."

인생의 진리인 '황금률(Golden rule)의 원리'가 바로 이것이다. 부자의 마음을 갖고 부자의 길로 들어서기 위해 가져야 할 마음자세를 담고 있는 말이다.

간절히 얻길 원하는 것이 있다면 공부해야 한다. 부자가 되길 원하는가. 그렇다면, '돈 공부'는 필수다.

부자아빠의 돈 공부

돈 공부를 하느냐, 마느냐가 인생을 가른다.
일단, 돈 공부를 시작하라.

모든 부의 시작은 '이것'이었다

종잣돈

종잣돈이 모일 때까지는 모든 게 고생길이었다.

할아버지가 남긴 빚을 대신 갚아야 했기 때문이다. 월급으로 받은 돈의 절반을 할아버지 빚 갚는 데 사용했다. 나머지 절반은 아끼는 수준을 넘어 거의 안 쓰는 수준으로 저축하며 살았다. 직장 선후배나 동료들이 하기 싫어하는 숙직 근무를 대신 맡아서 숙직수당을 받았다. 시간외수당을 받으려고 야간, 주말 근무를 도맡았다. 당시에는 주말 낮과 밤에 일직과 숙직이 있었는데, 남들이 하기 싫어하는 시간을 도맡아 근무수당을 챙겼다.

그 결과 입사 3년 만에 서울 상계동에 22평 주공아파트를 매입할 수 있었다. 그게 아버지의 첫 번째 부동산 투자였다. 회사에서 임직원에게 해주는 주택취득자금대출과 전세를 활용한 레버리지 투자였지만, 첫 아파트를 등기했던 순간의 기쁨은 하늘을 나는 듯했다.

입사 5년 만에 결혼을 했는데, 결혼자금이 없어서 지방 근무를 자원했다. 지방으로 내려가면 회사에서 사택임차자금이 지원되었기 때문에 무상으로 신혼집을 마련할 수 있었다. 예식장을 빌리고 패물을 마련하는 등 모든 결혼비용은 우선 큰고모에게 빌렸다. 이후 축의금으로 갚았다.

얼마를 모을지 정확한 날짜로 계획 세우기

종잣돈을 모으는 것도 첫걸음이 있다. 5백만 원이 있어야 천만 원을 만들 수 있고, 천만 원에 도달해야 5천만 원, 1억 원을 꿈꿀 수 있다. '천리길도 한 걸음부터'라는 말이 정말 맞다.

종잣돈을 모으기 위해서는 언제까지 어떻게 저축해서 얼마의 목표액을 달성한다는 정확한 계획이 있어야 한다. 내년까지 또는 2~3년 내에, 이런 식으로 두루뭉술하게 계획을 세워서는 안 된다. 몇 년 몇 월까지라고 시점을 정해야 한다.

그리고 주거래 은행을 정한다. 우선 청년채움공제 같이 정부나 지자체가 이자 일부분을 채워주는 상품에 가입하는 것이 좋다. 또, 청약저축에 가입하려면 가급적 소액을 가입하는 게 좋다. 갑자기 목돈이 필요한 경우가 생기면 해약하기 쉽기 때문에, 유지가 가능한 금액으로 가입하는 게 좋다. 재형저축이나 세금우대저축 등 높은 이자가 보장되는 상품도 따져 보아야 한다. 제2금융권인 신협, 새마을금고 예금도 눈여겨보는 것이 좋다. 이자소득에 대하여 은행의 이자소득세율 15.4%보다 낮은 1.4%의 세율을 적용한다는 장점이 있다. 단, 예금자보호법에 의해 보호받을 수 있는 한도 내에서 제2금융권을 이용하는 것을 권한다.

10년이라는 시간이 걸리지만, 저축성보험 상품의 비과세 혜택을 이용하는 방법도 있다. 1인당 연간 2천만 원 이상 금융소득이 있는 사람에게 부과되는 '금융소득종합과세'에도 저축성 보험 비과세 요건이 유지되기 때문에 부자들도 이 상품에 많이 가입한다.

신용카드는 본인의 소비 패턴에 가장 유리한 카드를 고르고, 주거래 카드회사를 정하는 것이 좋다. 보험회사도 마찬가지다. 3개 이상의 보험을 비교한 자료를 보고 가성비 높은 상품을 골라야 한다.

주식 투자를 위해 증권회사를 고를 때, 거래수수료가 적은 회사만 고집하지 말고 재무 건전성이 높은 회사를 고르는 게 좋다. 주식 투자는 한번 시작하면 평생 투자로 이어질 수 있다. 리서치팀의 종목 분석과 경제 동향 자료가 많은 회사가 유리하다. 증권회사가 취급하는 펀드투자 수익률이 높고 다양한 펀드를 운용하는 회사를 고르는 것이 좋다.

아버지는 지금도 14년 된 고물차를 타고 다닌다. 주변 사람들이 이제는 차를 좀 바꾸라고 말하면 항상 이렇게 대답한다.

"차는 사자마자 감가상각이 되지요. 자산가치가 하락한다는 말이에요. 하지만 부동산은 달라요. 자산가치가 오를 가능성이 높거든요. 차 살 돈이 있으면 레버리지를 이용해 오피스텔 한 채를 더 살 겁니다."

어떤 사람들은 돈이 없다고 불평하면서 돈이 생기면 여행을 가고 쇼핑을 한다. 이처럼 내일을 고려하지 않고 현재의 행복만을 추구해서는 안 된다. 오늘의 지나친 소비의 달콤함에 빠져들면 부자가 되는 속도가 느려진다.

"승자의 하루는 25시간이고, 패자의 하루는 23시간이다."

"승자는 눈을 밟아 길을 만들지만, 패자는 눈이 녹기를 기다린다."

탈무드에 나오는 이 명언들을 기억하길 바란다.

부자아빠의 돈 공부

종잣돈 없이 부자가 된 사람은 없다.

성공도 하고, 실패도 하고, 계속 두드렸다

재테크 일지

'어떻게 해야 돈을 벌 수 있을까?'

아버지는 이렇게 생각하는 것이 습관이다. 돈으로 환산할 수 있는 일이라면 바로 암산한다. 상대방과 대화를 하면서 상대의 매출이 얼마인지? 재산은 어느 정도인지? 추측한다. 식당에 가면 매상은 얼마인지, 원가와 인건비, 임대료를 추측해 가게의 수익을 가늠한다. 추측한 수치가 맞든 안 맞든 중요하지 않다. 돈으로 환산할 수 있는 것을 머릿속으로 암산하고 바로 출력하는 습관이 중요하다. 얕은 수 같지만 이런 경제적 사고가 부자의 기본자세라고 믿고 있다.

하지만, 엄마는 정반대다. 셈에 약한 편이고, 앞뒤가 맞아떨어져야만 비로소 믿는다. 입증되지 않은 것은 돌다리 두드리듯 조심하면서 나아가는 스타일이다.

2017년부터, 엄마는 주말마다 여러 강의를 들으러 다녔다. 아버지도 엄마의 손에 이끌려 김승호 회장의 사장학교에서 사장학개론 강의를 들었다(한국사장학교 3반, 2018년 수료).

또한, 부동산 전문가 '김사부'의 강의와 '앤소니'의 경매강의, 그리고 '김영남'의 토지강의까지 들었다.

2018년 6월, 엄마는 이문동 재개발 지역에 아파트 입주권이 나오는 낡은 주택을 매입했다. 당시 아버지는 투자하지 말자고 엄마를 말렸다. 하지만 엄마는 부동산 강의를 듣고 수익이 날 거라고 확신하고 있었다.

어느 토요일 날, 서울에 가더니 갑자기 전화가 왔다.

"여보! 이거 무조건 사요. 당신이 반대해도 가계약할 거예요. 내일 당신이 마무리 하세요."

그렇게 엄마가 가계약을 하고 돌아왔다. 다음 날, 울며 겨자 먹기로, 본 계약을 하고 잔금과 등기 등 뒷수습을 했다. 그런데 이 투자가 대박이 났다.

재개발 지역 내 주택의 권리가액 2억 4천만 원

프리미엄 1억 6천만 원으로, 최초투자액 4억 원.

이주비대출 −1억 원이므로, 실투자액 3억 원.

원주 아파트를 전세 2억 4천만 원에 주고, 세컨하우스로 가지고 있던
전원주택으로 이사.

따라서, 실제 조달자금 6천만 원.

감정하기 전, 주택가를 2억 4천만 원으로 계상하고 P(프리미엄) 1억 6천만 원을 합쳐서, 4억 원에 84제곱미터 아파트 입주권을 산 것이다. 곧 철거에 들어가 이주비대출 1억 원을 무이자로(조합이 이자 전액 부담) 받았다. 결과적으로 3억 원을 투입한 것이다.

나중에 감정을 해보니 권리가액 2억 4천만 원이 감정가액으로 2억 6천만 원이 되었다. 결과적으로는 P 1억 4천만 원에 산 게 되었다. 지금 부동산시장이 다소 경직되어 있지만 P가 8억 원을 호가한 적도 있다. 2025년 1월에 완공을 목표로 지금 한창 짓고 있다.

2019년에도 재개발 투자를 했다. 이 투자도 엄마의 선택이었다. 마찬가지로 부동산 강의를 듣고 엄마가 경기도 안산시

선부동 아파트 입주권을 매입했다. 신안산선의 선부역 초역세권으로, P 3천 5백만 원을 얹어 주고 샀다.

2020년 10월에 완공되어 전세를 놓고 있다. 3억 2천 5백만 원에 샀고, 한때 시가 6억 원이 넘었으나 (23년 11월 기준) 5억 5천만 원 선이다. 이 아파트는 온전히 엄마 돈으로 투자되었다. 아버지 도움 없이 매입한 엄마의 유일한 투자였다.

2020년에도 재개발 투자를 했다. 인천 부평구 산곡동의 재개발 물건이었다. 이 투자도 '김사부'의 추천물건이다. 지하철 7호선 종점이었던 부평구청역에서 산곡역으로 연장 개통이 임박해 있었다. 초역세권이며 초등학교가 단지 내에 있는 일명 '학품아'다. 상가지만 84제곱미터 입주권이 나왔다. 감정가 3억 3천만 원에 P 1억 1천만 원을 주고 4억 4천만 원에 샀다. 지금은 철거 중이다. 매입 당시 P 1억 1천만 원이었는데, (23년 11월 기준) P 4억 원 정도다.

2022년 5월 새 정부가 들어섰다. 1기 신도시 재건축 공약이 나왔다. 용적률 300%, 역세권은 용적률 500%까지 허용한다는 공약이었다. 용적률을 볼 때 일산, 분당은 사업성이 있지만 중동, 산본, 평촌은 용적률이 높아 큰 수익을 기대하기 어렵다고 판단했다. 그래서 일산을 주목했다. 대곡역은 일산역과 같은 노선이며 GTX-A노선이 정차할 예정이다. 또한, 일산역 앞 후곡마을은 학군이 좋다. 후곡마을 3, 4, 10, 15단지가 의기투합해 통합재건축을 추진하고 있다. 4천 가구가 넘는 대단지 탄생이 예상되는 지역이다.

2022년 6월엔 84제곱미터 아파트를 매입했다. 재건축아파트 투자다. 7억 8천 7백만 원에 매입했고 5억 9천만 원의 전세 레버리지를 활용했다. 2억 원이 투자금으로 들어가는 셈이었다. 일산에서 뜨거운 지역이지만 최근 부동산 경기가 경직되어 매매가가 하락했다. 잔금을 치르는 10월에 보니 실거래가가 6억 8천만 원이었다. 네 달 만에 1억 1천만 원이나 가격이 떨어진 것이다. 기다렸어야 하는데 성급하게 투자한 것 같다.

부동산 전문가의 추천으로 매입한 것 중 유일하게 아픈 투자가 되었다. 물론, 모든 예상이 들어맞을 수는 없다. 투자에 관해 많은 정보를 얻고 조언을 듣지만, 선택에 따른 결과는 오롯이 내 몫이다. 안목을 높이기 위한 공부를 계속할 뿐이다.

앞으로 1기 신도시 재건축은 빠르게 진행될 것이다. 신도시는 유권자가 많으므로 선거용 개발공약이 나올 것이다.

부동산 투자를 할 때 '무릎에 사서 어깨에 팔라'는 말이 있

부자아빠의 돈 공부

다. 일산 재건축 투자는 바닥에서 사지 못하고 허리에서 산 것이다. 재건축이 될 때까지 기다릴 예정이다.

지금껏 네 건의 재개발, 재건축 투자를 했고, 모두 소유하고 있다. 재개발, 재건축은 조합설립인가, 사업시행인가, 관리처분인가라는 3단계를 거친다. 재건축은 7~8년으로 다소 짧지만, 재개발은 10~15년이 소요된다고 생각해야 한다.

재개발, 재건축 투자를 할 때 주의할 점

재개발, 재건축 투자는 위험요소가 있는 만큼 큰 수익을 낼 수 있다. 주의할 점을 잘 파악해서 도전해야 한다.

첫째, 장기간 돈을 묻어둘 작정을 하고 투자해야 한다.

둘째, 사업이 전면 무산될 수 있다는 것을 유의해야 한다. 아버지와 엄마는 최소한 사업시행인가가 난 물건에 투자한다. 재건축의 안전진단 단계, 재개발의 사전타당성심의 단계(사타단계), 조합설립인가 단계에서는 투자하지 않는다. 주민동의를 받는 단계는 아예 거들떠보지도 않는다.

셋째, 무허가주택(일명, 뚜껑이라고 함)의 경우 구청에 명의변경이 가능한지, 무허가건물확인원 발급이 가능한지 여부를 확인해야 한다. 입주권이 나오느냐의 중요한 판단 기준이다.

재개발, 재건축 투자는 조합원 간의 분쟁도 많고 이권을 노리는 세력이 개입하게 된다. 조합에 우호적인 세력과 반대세력의 첨예한 싸움이 벌어진다. 시간이 오래 걸리고 과정이 복잡한 단점이 있지만 싼값에 집을 살 수 있다는 장점이 있다. 재개발, 재건축 그리고 정비사업은 시간도 오래 걸리고 과정도 복잡하다. 투자에 앞서 정확한 이해가 필요하다.

'아무 일도 하지 않으면 아무 일도 일어나지 않는다'라는 말이 있다. '경거망동하지 말라'는 말도 있다. 부동산은 전문성이 요구되는 투자다. 함부로 하지는 마라. 그렇다고 너무 두려워하지도 마라. 전문가의 조언을 많이 들어라. 느긋하게 결정할수록 성공지수는 올라갈 것이다.

부자아빠의 돈 공부

재개발, 재건축 투자는 매력적인 선택지가 될 수 있다.

부자가 누리는 삶을 알면
부자가 되고 싶다

50년 전에 옛날 부자들은 큰 집에서 살았다. 마당 한쪽에 있는 곡간에 사계절 먹을 식량을 쌓아두고, 하인을 부리며 살았다. 옷도 양복점, 양장점에서 맞춰 입었다. 그러나 현대 사회에는 단지 겉모습만으로 부자와 가난한 사람을 구별하기는 힘들다.

투자에 있어서도 마찬가지다. 부자들은 자산관리와 투자를 조심스럽게 해나가지만, 부자가 아닌 사람들이 오히려 투자는 외면하고 비싼 자동차와 명품을 사는 경우가 많다.

김승호 회장은 옷을 사거나 물건을 살 때 가격표를 보지 않는 사람을 부자라고 말했다. 이런 기준으로 본다면, 아버지는 부자가 아니다. 옷을 살 때 가격표를 꼭 따져보고 주유소 기름도 값을 비교하며 넣는다. 생수도 저렴한 것을 골라서 사고 휴지, 물티슈도 아껴 쓴다.

단, 여행 가서 쓰는 비용은 아끼지 않는 편이다. 패키지여행을 가더라도 실속형 상품이 아닌 고품격 상품을 선택한다. 비용이 많이 드는 자유여행도 선호하는 편이다.

온라인상의 은퇴 카페나 파이어족 카페에 올라오는 질문 중에 가장 많은 것이 '얼마 정도의 자산이 있어야 은퇴할 수 있는가?'이다. 이 질문에 대답하기는 어렵다. 사람마다 만족하는 생활 수준이 다르고 부동산, 자동차, 명품 등 갖고 싶어 하는 기준이 다르기 때문이다. 예를 들어, 30평대 아파트 한 채만 있어도 만족하는 사람이 있는가 하면, 부동산 월세 수입이 수천만 원 되어야 만족하는 사람도 있다.

달러 기준으로 (일반적으로 부자를 이르는) 백만장자를 가르는 백만 달러는 우리 돈으로 약 13억 원이다. 이 돈을 은행에 고스란히 넣었다고 치고 이자소득을 계산해보자.

이자율이 4%이고 이자소득에 대해 15.4%의 세금을 낸다면 **13억 원 × (4%의 84.6%) = 연간 약 4천4백만 원**이 된다. 이 정도면, 대기업 대졸 초임 연봉 정도로 넉넉한 생활을 하기는 어렵다. 배우자와 자녀가 있다면 더욱 살기 팍팍할 것이다.

백만장자라 하더라도 은행이자만을 바라고 파이어족이 되기는 어렵다는 결론이 나온다. 대출금 상환 부담이 적은 집과 자동차가 반드시 필요하다.

직업을 버리고 은행이자의 힘으로 살고자 한다면, 예금액은 점점 줄어들 것이다. 연간 물가상승률이 5%인데 은행이자로 4%를 받는다면, 자산은 줄어드는 것과 같다. 그래서 투자수익률이 물가상승률보다 높아야 한다.

또한, 부자라 하더라도 건강은 장담할 수 없다. 사람마다 유전적 요인, 기질적 요인 등 병드는 원인은 다양하다. 스티브 잡스 등 성공을 거머쥐고도 요절한 사람이 많다. 그래서인지 사람들은 '돈이 있어도 건강을 잃으면 소용이 없다'고 말한다. 그러나 아버지는 약간 관점이 다르다. 돈이 있어야 수준 높은 건강검진을 할 수 있고 조기에 병을 발견할 수 있다. 돈이 있으면 건강하게 살 확률이 높아진다.

돈이 많다고 반드시 행복한 것은 아니다.
하지만, 돈이 많으면 행복해질 가능성이 커진다. 목표로 했던 돈을 벌고 성공을 거둔 사람이라면 언제든 명예를 추구하는 삶을 살 수 있다. 이때부터 성공이 주연이고 돈이 조연이 된다. 돈을 더 벌려고 노력하지 않아도 저절로 굴러들어오는 시스템이 만들어졌기 때문이다.

얼마 전 김승호 회장은 6대륙에 수천 개의 매장이 있는 '스노우폭스'라는 세계적인 도시락 회사를 매각했다. 그는 화훼, 양계, 출판사업 등 다른 분야에도 진출해 있다. 그리고 우량 기업에 지분을 투자해 배당수익이 생긴다. 그는 1초에 얼마의 돈을 버는지 알 수 없는 시스템을 가지고 있다. 잠을 자는 시간에도 재산은 계속 불어난다. 이런 경우에는 애써 사업에 매달려 부를 추구할 필요가 없다. 그는 강연, 저술, 멘토링 등 하고 싶은 일을 하며 살아간다. 그야말로 돈이 조연이 된 것이다.

페이스북의 창업자 마크 저커버그Mark Zuckerberg와 그의 아내 프리실라 챈Priscilla Chan은 딸 맥스가 태어나자마자, 딸에게 보내는 편지를 언론에 공개했다. 부부가 살아 있는 동안 페이스북 주식의 99%를 박애주의적 활동에 기부하겠다는 내용이었다.

미국 부자 중에서 자식에게 재산을 물려주는 것을 꺼리는 사람들에게 이유를 물어보았다. "자식에게 물려주어 그의 인생을 망치고 싶지 않아서"라는 대답이 많았다고 한다. 잘 사는 나라일수록 노블레스 오블리주를 행하려는 부자들이 늘어나고 있다는 사실에 주목해야 한다.

반면에 우리나라와 일본, 중국 등 동양에서는 자식에게 상속하는 것을 당연하게 생각한다. 둘 중 어느 것이 옳다는 것을 따지려는 것이 아니다. 물려받았을 경우에 재산을 지켜낼 역량이 중요하다는 말을 하고 싶다.

돈이 들어오는 시스템이 만들어졌을 때, 기부와 선행으로 세상에 보답할 수 있는 사람이 된다면 더할 나위 없을 것이다. 그러면 돈은 조연의 역할을 하는 것이다.

부자는 돈을 담을 수 있는 그릇을 갖지만, 가난한 사람은 돈의 꽁무니를 쫓아다닌다고 한다. 돈이 자신에게 들어오면 감사히 받으면 된다. '나는 운이 좋아서 돈이 달라붙는다'라는 메시지를 자신의 우주에 보내라. 그러면 우주가 응답할 것이다. 부자 되는 길을 열어줄 것이다.

부자아빠의 돈 공부

돈이 저절로 들어오는 시스템이 만들어지면 돈은 조연이 된다.

부와 성공으로 이끄는 황금률이란?

황금률

"남에게 대접받고자 하는 대로 남을 대접하라."

이건 사람들과의 관계에서 진리로 통하는 '황금률(Golden rule)'이다. 동서양을 막론하고 이와 유사한 말이 많다. 성경, 탈무드, 논어 그리고 불경에 비슷한 교훈이 나온다.

나폴레온 힐Napoleon Hill이 쓴 『부와 성공의 열쇠』(키출판사, 2019)를 보면 그의 인생 이야기가 나온다. 그는 머나먼 무지개를 찾아다니며, 무지개 끝에 황금단지가 있을 것이라고 믿는다. 그렇게 20년간 욕망을 좇았지만, 실패의 쓴맛을 보고 절망하게 된다. 그는 일곱 번의 실패를 통해 빈털터리가 되었고, 그제야 무지개를 찾았다. 그리고 무지개 끝에서 비로소 행복에 이르는 길, 황금률을 찾았다고 말한다.

"대접받고 싶은 대로 남을 대접하라!
남이 내게 해주기를 바라는 대로 남에게 해주라!
남들에게 받고 싶은 행동을 그들에게 행하라!"

이게 그가 찾은 황금률이었다.

무지개 끝에 황금단지는 없었다. 하지만, 그는 무지개 끝에서 신으로부터 책 쓰고 강연하라는 명령을 받았다고 말한다. 책 쓰고 강연하는 삶이 남을 대접하는 황금률이고 무지개라고 말한다.

이후 그는 성공하기 위해 습관이 중요하다는 것을 강조하는 많은 저서를 남기며 이렇게 말했다.

"성공하기 위해서는 재능이나 천재성, 행운, 인맥, 돈만 필요한 게 아니다. 시작하면 무엇이든 끝내는 습관이 필요하다."

중세 시대에 기독교인들은 유대교를 이단으로 취급했다. 교황을 중심으로 한 기독교 중심 사회에서 유대인들은 정상적인 사회생활을 하기 어려웠다. 직업을 갖기 어려웠던 유대인들은 대금업에 뛰어들어 돈을 벌었다. 그러자 정부와 교회는 부정한 방법으로 돈을 벌었다고 그들을 핍박했다. 유대인들은 재산을 몰수당하고 국외로 추방당하는 설움을 겪었다.

유대인들은 목숨이 위태로울 때 돈을 무기로 목숨을 건지는 경험을 하였고, '돈은 죽음을 피할 수 있는 수단'이라고 생각하게 되었다. 이런 이유 때문인지 유대인의 유전자에 '돈은 생명'이라는 인식이 각인되어 있다.

유대인들은 우월한 금융 DNA를 가지고 있다. 월가를 주름잡는 금융인, 세계적인 투자자, 성공한 기업인 중 유대인이 독보적으로 많다.

또한, 그들은 연대를 중시한다. 이천 년 넘게 여러 나라에 흩어져 살아야 했던 아픈 기억이 있기 때문이다. 유대인이라는 이유만으로 나치에 의해 학살당한 역사도 있다. 그래서인지 유대민족의 결속력은 대단하다. 정치를 후원하는 모임에서도 단단히 결속한다.

유대인에게는 법전이자 경전이고 삶의 지혜를 가르쳐주는 책, 탈무드가 있다. 기원전 300년, 로마군에 의해 예루살렘이

함락된 때부터 서기 5세기까지 8백 년간 유대인들 사이에서 구전되어 오던 교훈을 집대성한 책이다. 탈무드에 나오는 인맥 관리에 관한 가르침 중 몇 가지를 소개한다.

첫째, 고마우면 고맙다고, 미안하면 미안하다고 말하라. 대수롭지 않은 얘기 같지만 건성으로 넘길 수 없는 말이다.

둘째, 남의 험담을 하지 마라. 내가 대우받고 싶은 대로 남을 대하라는 말이다.

셋째, 수입의 1% 이상을 기부하라. 유대인에게 자선은 중요한 가치다. 자선은 이민족 사회에서 대금업으로 부자가 된 그들만의 생존 수단이었다.

황금률을 지키며 살아가기는 생각보다 어렵다. '뿌린 만큼 거둔다', '눈에는 눈, 이에는 이' 그리고 '기브 앤 테이크(give and take)'라는 말이 있다. 그런데 누가 먼저 주고 누가 먼저 받느냐의 문제 때문에 황금률을 지키기란 쉽지 않다. 성경에 먼저 베풀라고 되어 있지만, 먼저 베푼 행위가 오히려 상처가 되어 돌아오는 경우도 있다.

요즘엔 오프라인뿐 아니라 온라인 모임까지 복잡한 관계로 얽혀 있다. 그래서 더욱더 자신의 행동을 잘 돌아봐야 한다. 남의 순수한 마음을 인정해주지 않은 적은 없는지, 가족 단톡방이나 친구와 동료들과 말할 때 편하다고 해서 예의를 잃지는 않았는지 생각해볼 일이다.

인맥 스트레스의 해결책 '황금률'

약 85%의 사람이 인맥 문제로 스트레스를 받는다고 한다. 그런데 아이러니하게도, 성공한 사람의 85%도 인맥 덕분에 성공했다고 말한다. (미국 카네기 멜론대학의 '성공비결 조사') 성공한 사람들은 사람 때문에 성공했다고 이구동성으로 말한다. 바꾸어 말하면, 인맥 없이 성공할 수 없다는 말이다.

그렇다면, 성공을 위해 필요한 인맥 관리방법은 무엇일까?

첫째, 인맥도 자산이라는 생각을 가져야 한다.

정직과 진심으로 남을 대하는 사람에게는 좋은 인맥이 생긴다. 반대로 남을 비난하거나 얕잡아 보는 사람 주위에는 좋은 사람들이 모여들지 않는다. 남들은 줄을 서는데 새치기를 하거나 남의 이익을 가로채는 사람은 큰 부자가 될 수 없다. 크게 성공할 수도 없다.

둘째, 황금률의 법칙을 지켜야 한다.

감사하다는 표현을 아끼지 않아야 한다. 남을 배려하는 것, 다른 사람을 존중하는 것 모두가 황금률을 지키는 방법이다.

셋째, 네트워킹 활동을 한다.

자기에게 맞는 커뮤니티, 세미나를 찾아야 된다. 자신의 전문성을 살리는 지식공유포럼을 스스로 개최한다면 더욱 좋다.

넷째, 지인들과 주기적으로 연락해야 한다.

지인들과 관계가 끊기지 않도록 정기적으로 연락하거나 생일, 기념일을 잊지 않고 챙기면 친분을 유지하기 좋다. 디지털 시대에 맞게, 기념일에 SNS를 통해 감사의 마음을 전해도 된다.

다섯째, 기부행사에 참여하거나 봉사활동을 한다.

경제적으로 여유가 없다면 기부가 아닌 봉사활동을 하면 된다. 행사를 통해 좋은 에너지를 가진 사람들과 교류하면서 인맥을 쌓아야 한다.

'황금률의 법칙'처럼 남에게 감사하는 마음을 가지는 것이 중요하다. 대접받고 싶은 대로 남을 대하면서 부를 욕망하면 부자가 될 수 있다. 부정한 방법으로 벌어들인 돈이 아니라면 돈은 많을수록 좋은 것이다.

이게 정말 될까? 하는 의심과 부정적인 생각으로 가득한 사람은 고정관념을 바꾸기 어렵다. 하지만 아들처럼 세상을 배워나가는 젊은 사람들은 감사하는 마음 그리고 욕망, 잠재력을 쉽게 갖출 수 있다. 이 길을 알아야 부와 성공을 이루는 탄탄대로에 올라탈 수 있다.

부자아빠의 돈 공부

성공을 이끄는 인간관계에서 중요한 건 남에게 감사하는 마음을 유지하는 '황금률의 법칙'이다.

'돈의 기능'을 제대로 알아야
빨리 모을 수 있다

우리가 항상 관심을 집중하는 '돈'은 어떤 기능이 있을까? 돈의 기능을 제대로 알아야 어떻게 모을지, 어떻게 쓸지 계획이 선다.

일단, 돈에는 여러 순기능이 있다.

첫째, 일종의 교환권이다. 상품이나 서비스와 교환하는 수단이 된다.

둘째, 미래를 위해 가치를 저장한다. 시간이 지나도 가치를 유지할 수 있다는 점 때문에 사람들이 여윳돈을 은행에 저축한다.

셋째, 가치 측정의 기준이 된다.

넷째, 돈이 일을 하게 만들 수도 있다. 예를 들면, 레버리지를 이용하는 것이다. 대출을 통해 투자를 늘리거나 생산성을 높여 더 큰 성공을 꾀하거나 기회를 만든다.

반면에, 역기능도 있다.

첫째, 탐욕이다. 지나친 욕심은 마음의 병이 되기도 한다. 남을 짓밟고라도 자기 욕심을 채우려는 사람이 있다. 돈 많은 사람이 더 많은 돈을 얻기 위해 탐욕에 사로잡히기도 한다. 그래서 빈부의 격차, 소비 중독, 불공정 등 사회적 부작용이 나타난다.

둘째, 돈이 권력의 양을 재는 척도가 된다. 여기에서도 불평등 문제가 생긴다.

셋째, 부정부패의 요인이 된다. 사회적 윤리라는 가치가 사라지고 도덕성이 무너진다.

넷째, 사회적 관계가 파괴된다. 개인의 이익을 우선시하고 인간관계가 상업화되면 소외라는 사회문제가 생기고, 사회적 연대(관계망)가 파괴되고 범죄가 늘어난다.

부자의 마인드로 세상을 보라

"아들아, 부자처럼 생각하면
부자가 될 것이다"

돈의 흐름을 자기 쪽으로 흐르게 한다

부자의 습관

"아들아! 부자가 된다는 것은 다른 사람 주머니에 있는 돈을 내 주머니로 옮기는 일이다. 또한, 매일 찍어내는 돈을 남보다 먼저 차지하는 일이다."

그러니 돈의 흐름을 자기 쪽으로 흐르게 해야 한다. 물꼬를 내 쪽으로 돌리기 위해서는 좋은 습관이 몸에 배게 해야 한다.

인공지능 시대가 성큼 다가왔다. 기계는 편리하다. 그런데도 아버지는 여전히 손을 쓰는 것이 좋다. 이유는 세 가지다.

첫째, 손은 제2의 뇌라고 한다. 손을 움직여야 지능을 활성화할 수 있다.

둘째, 각인하는 효과가 있다. 같은 내용이라도 손으로 직접 쓰면 더 오래 기억된다.

셋째, 생각하는 힘이 커진다. 시간도 걸리고 손목도 아프지만, 적는 시간 동안 깊이 생각할 수 있다. 우리가 갖고 있는 최고의 도구는 손이다.

개인의 자산을 관리해주는 편리한 애플리케이션이 많다. 송금, 자산과 부채관리, 가입하고 있는 보험과 소유하고 있는 자동차의 가치까지 애플리케이션이 일일이 계산해준다. 게다가 자산가치의 변동내용을 그래프로도 보여준다. 이런 '앱'을 활용하는 것은 편리하다. 그래도 손으로 직접 개인 재무제표를 적어보길 권한다.

아버지는 10년 넘게 매달 대차대조표를 만들고 있다. 약식으로, 손익계산서도 적는다. 매월 프린트해서 편철해 보관한다. 전월 대비 재산이 얼마나 늘었는지 확인하다 보면 기분이 좋아진다. 아버지 회사에 장부를 쓰고 편철하는 아버지 습관을 따라 하는 후배, 동료가 많다. 재무제표 만들기를 계속하면 돈을 체계적으로 관리하고 있다는 생각이 든다. 꼼꼼한 사람이라는 생각도 들고, 경제적인 부분에서 자존감도 높아진다.

부자아빠의 돈 공부

아버지는 매일매일 돈이 내 수중으로 들어오는 이미지를 머릿속에 그린다. 가끔 편철된 장부를 확인하며 돈을 끌어당기는 것을 상상한다. 재무제표 만들기는 아버지의 무의식에 돈다발을 차곡차곡 쌓아가는 과정이다.

자산과 부채, 그리고 수입과 지출을 매월 기록하는 습관은 부자가 되는 좋은 도구다. 세세히 적고 다음 달에 또 적는 루틴은 재정 시스템을 프로그래밍하는 습관이다.

매월 들어오는 수입과 지출을 집계하면서 순자산을 정확하게 적는다. 가계부와 비슷해 보이지만, 소소한 지출을 적는 것이 아니라 월 단위로, 개괄적으로 적어 나간다는 점이 다르다. 이것이 습관이 되면 '현금 흐름'과 '순자산'을 명확하게 이해할 수 있다.

대차대조표는 특정 시점의 자산과 부채 현황을 나타내준다. 자산이 증식되어 가는 것을 파악하는 데 그만이다. 복잡한 양식이 아니어도 상관없다. 하지만 부자가 되어감에 따라 양식이 복잡해지게 마련이다. 한 페이지로 돈의 흐름을 일목요연하게 볼 수 있다면 더할 나위 없이 좋다. 이때, 반드시 부의 방정식을 알아야 한다. 바로 순자산을 구하는 공식이다.

순자산 = (현금 + 부동산 시가 + 채권 시가 + 주식 시가 + 사업체의 가치 + 보험 적립금 + 자동차 등 동산의 합계) – 부채

순자산의 개념을 알아야 이미지를 만들어 미래를 계획하고 연상할 수 있다. 인생을 어떻게 살아갈지? 내일을 위해 오늘 어떤 소비를 희생할 것인지? 생각하게 된다.

좋은 애플리케이션이 많지만 종이에 직접 쓰거나, 엑셀로 작업해 파일로 저장하는 것이 좋다. 그래야 돈의 흐름을 한눈에 그려볼 수 있다.

언행일치하는 습관

개인 재무제표를 쓰는 습관뿐 아니라, 기본적으로 갖추어야 하는 품성도 있다. 바로 언행일치하는 습관이다. 아버지는 사업을 하면서 가장 중요한 것이 인맥 관리와 언행일치라고 생각한다. 그러려면 '황금률'을 지키는 것이 몸에 배야 한다. 내 주장만큼 상대방의 의견도 존중할 줄 아는 사람이 되어야 한다. 다른 사람 이야기에 귀 기울일 줄 알아야 성공할 수 있다. 남을 끌어내리거나 무시하는 사람, 남을 비난하는 사람이 성공할 확률은 거의 없다.

언행일치는 사회적으로 관계하고 소통하는 데 중요한 역할을 한다. 자신의 브랜드를 구축하고 신뢰를 유지할 수 있다.

언행일치하는 사람의 장점을 살펴보자.

첫째, 약속을 잘 지켜 주변에 사람들이 모여든다.

신뢰가 쌓여 소통이 원활해진다. 소통하는 능력은 성공과 실패를 판가름하는 최고의 가치다. 삶은 대부분 타인과 관계하는 것에 바탕을 두고 있다. 신뢰, 소통, 관계하는 능력을 갖춘 사람이 실패할 확률은 거의 없다.

둘째, 일관성이 있는 사람일 가능성이 크다.

만약, 사업을 한다면 사업의 가치와 목표를 세우고 비전을 향해 앞장서서 행동할 것이다. 성공하는 사람들의 특징이 바로 그런 것이다.

셋째, 말이 주는 영향력이 크다.

남들이 바라는 대로 행동하는 사람은 진실성을 갖추고 있을 가능성이 크다. 진심으로 커뮤니케이션하는 사람은 소통하는 힘이 생기고 리더가 될 가능성이 커진다.

부자아빠의 돈 공부

미국의 작가이자 호텔경영자였던 오리슨 스웨트 마든(Orison Swett Marden)의 말을 인용해본다.

"습관은 처음 시작될 때, 보이지 않는 얇은 실과 같다. 그러나 습관을 반복할 때마다 실은 두꺼워지며, 우리의 생각과 행동을 꼼짝없이 묶는 거대한 밧줄이 될 때까지 한 가닥씩 보태진다."

부자의 마인드는 무엇이 다를까?

부자 마인드

역사를 되짚어보면, 번성했던 업종이 하루아침에 사라진 예가 많고 새로운 산업이 떠오른 사례도 많다. 산업혁명 이후 대량생산이 가능해졌다. 당시 제조업 오너들은 대대손손 부자 가문으로 살 거라고 생각했을 것이다. 하지만 오래가지 못하고 사라진 업종이 많다.

산업혁명으로 무너진 산업의 예를 들어보자. 방직기가 개발되자 수공예품을 만드는 산업은 영세해졌다. 그럼에도 불구하고 살아남은 경우가 있었는데, 스위스 명품 시계다. 반면에, 대량생산 시계회사들은 망하거나 저가 시계를 만드는 회사로 전락했다. 다른 사례도 있다. 비디오테이프를 만들던 회사들은 버티지 못했다. 코닥처럼 디지털카메라에 적응하지 못해 쓰러진 회사도 있다. 변화에 적응하지 못하거나 시장경쟁에서 밀려 도태되는 경우는 너무 많아 일일이 거론할 수조차 없다.

우리나라 속담에 '부자가 삼대를 못 간다'라는 말이 있다. 개인 지주들과 소상공인들이 주류를 이루던 1950년대까지 대부분의 부자가 삼대를 가지 못했다. 하지만, 세상의 변화에 적응한 삼성, 현대 등 3세 경영자들이 글로벌경영자로 자리잡았다. 개인 부자, 소상공인들도 자식에게 부자의 마인드, 선대의 경영철학을 잘 전한 경우에 여전히 부를 지켜내고 있다.

재산을 물려주는 것보다 마인드를 알려주는 것이 더 중요하다는 걸 새삼 느낀다.

부자의 마인드 제대로 알기

부자들이 부를 축적하는 철학과 방법을 살펴보자.

첫째, 남을 존중하며 항상 무언가를 배우겠다는 자세를 지닌다.
그것은 겸손한 태도와 경청, 그리고 경험을 공유하는 습관

부자아빠의 돈 공부

이다. 늘 남을 먼저 생각하는 겸손한 태도는 부자들의 기본 덕목이다. 또한, 남의 이야기를 귀기울여 듣고, 자기의 경험을 남과 나누는 데 인색하지 않다.

둘째, 금융, 부동산에서 시시각각 변하는 투자지식을 배운다.

전문가의 의견을 듣거나 경제신문 등 금융 미디어의 정보를 잘 활용한다. 충분하게 사전검토를 거치고 나서야 투자 여부를 결정한다.

셋째, 인맥 및 커뮤니티 관리에 일관성을 가진다.

큰 부자에게 대인관계 능력은 무엇보다 소중한 기술이다. 사교와 네트워킹을 통해 기회를 찾아내고 성공을 만들어 간다는 공통점이 있다.

넷째, 멘토나 롤모델의 습관을 배우며 쉼 없이 노력한다.

멘토의 경험을 이해하고 활용하는 만큼, 자신의 희생과 노력을 줄일 수 있다. 성공한 사람의 마인드를 자기 것으로 만들고, 그들의 실패를 배움의 기회로 삼는다.

다섯째, 남을 탓하지 않고 투자 결과를 자신의 책임이라고 생각

한다.

큰 부자 중에 내 탓이 아니라고 변명하는 습관을 지닌 이는 없다. 만약 있다면, 정당한 방법으로 돈을 번 경우가 아닐 것이다. 타인이나 타 업체와 제휴한 결과라고 해도, 자신이 그 협력과 제휴를 결정했다면 책임은 오로지 자신에게 있는 것이다.

2023년 프로야구 한국시리즈에서 29년 만에 우승을 차지한 LG트윈스 염경엽 감독의 우승 소감이 인상 깊었다.

"우리 팀은 전력이 약해서 우승을 못하는 게 아니었다. 두려움과 망설임을 이 팀에서 지워버리고 싶었다."

그는 라커룸에 '두려움과 망설임이 나의 최고의 적이다'라는 문구를 붙이며 선수들의 투지를 불태웠다.
이처럼 모든 투자에서도 두려움과 망설임을 어떻게 관리하느냐가 성패를 결정짓는다.

자식을 부자로 만드는 것은 쉽지 않은 일이다. 그렇다고 불가능한 것도 아니다. 유대인으로 태어나 좋은 교육을 받고 창의적인 마인드를 가졌던 마크 저커버그가 한 예다. 그는 페이스북을 창업할 때까지 부모로부터 사업자금을 받은 것이 없다. 우리나라에도 카카오 김범수, 네이버 이해진, 게임업체의 신화를 이룬 NC소프트의 김택진 등 사업가, BTS 소속사 하이브의 방시혁 등 많은 신흥 부자들이 부모의 도움 없이 성공신화를 썼다. 이들은 모두 두려움과 망설임을 잘 관리해서 성공을 이루었을 것이다.

가장 좋은 부모는 큰 재산을 물려주는 사람이 아니라, 좋은 교육을 시켜주는 사람이다.

부자아빠의 돈 공부

재산을 물려받는 것보다 경제 마인드를 물려받아라.

평소 부자가 사용하는 말을 써보라

부자의 언어

사람 몸에는 아홉 개의 구멍이 있다. 눈이 두 개, 귀가 두 개 그리고 콧구멍이 두 개다. 사람은 이 여섯 개의 구멍으로 보고 들으며 숨을 쉰다. 입과 하반신에 있는 두 개의 구멍까지 합치면 총 아홉 개의 구멍이 있는 셈이다.

그중에 입은 가장 큰 역할을 한다. 음식을 먹고, 호흡을 하고, 말을 하기 때문이다.

말은 에너지라고 쓰여 있는 책이 많다. 말에는 파동이 있으며 다른 사람에게 파장이 전해진다는 것이다. 미국 UCLA대학교 심리학 교수였던 앨버트 메라비언Albert Mehrabian은 '메라비언의 법칙'에서 상대방에 대한 인상이나 호감을 결정할 때 보

부자아빠의 돈 공부

디랭귀지는 55%, 목소리는 38%, 말의 내용은 7%만 작용한다고 말했다. 표정, 옷차림, 태도, 체형 등 제스처에 의한 것과 목소리 등 청각적인 요인이 대부분의 영향을 준다는 것이다.

실제 말의 내용보다 첫인상과 태도, 목소리 등이 호감을 주느냐, 그렇지 않느냐를 결정한다. 특히, 만나서 처음하는 말이 "시간을 내주서서 감사합니다", "인상이 좋으신데요" 같은 우호적인 말일 경우에 무척 유리하다.

심리학 용어에 3초 만에 첫인상이 결정된다는 '3초 효과'라는 법칙도 있다. 상대방과의 첫 만남에서 받은 강렬한 3초 인상이 좀처럼 바뀌지 않는다는 것이다. 부자가 되려면 인맥관리와 대인관계가 중요하다. 좋은 인상으로 협상이나 관계에 있어 좋은 결과를 이끌어내기 위한 방법을 소개한다.

첫째, 부드러운 말투만큼 중요한 것이 표정이다.
미소를 머금고 남을 대하면 호감을 살 수 있다. 상대방을 칭찬하는 말이나 덕담을 덧붙이면 더욱 좋다.

둘째, 부정적인 말을 하지 않아야 한다.
망했다거나 재수가 없다는 등 부정적인 말을 하는 사람과 같이 있는 것은 불편하다. '안 돼'라는 말을 '돼'로 바꾸는 연습을 해야 한다.

셋째, 상대방의 말에 맞장구를 쳐주면 효과가 좋다.

호응하는 자세는 남의 이야기를 경청하는 사람이라는 인상을 심어준다. 그리고 상대방과 유대감을 높일 수 있다. 상대가 말할 때, 눈을 응시하면서 "맞습니다"라고 맞장구를 쳐주는 습관을 길러라. 판소리에서 관객들이 공연 사이사이에 '얼쑤' 하고 추임새를 넣어주면서 흥겨움을 돋우고 공연 분위기를 띄우는 이치와 같다.

말하는 대로 살아지는 인생

그동안 사업을 하면서 많은 사람을 만나봤다. 말 한마디가 얼마나 중요한지 예를 들어보겠다.

직원을 채용하려고 한 여성을 면접 본 적이 있다. 회사 재정 보증 요건으로 '보증보험' 가입이 필요하다고 말했다. 그러자 면접을 보던 그 사람은 신용점수가 낮아 보증보험 가입이 어렵다고 대답했다. 어쩌다가 신용점수가 그렇게까지 내려갔느냐고 물었더니 이렇게 대답했다.

"저는 애초에 그렇게 태어났어요. 태어나서 한 번도 넉넉한 형편이었던 적이 없어요."

맙소사! 세상에 그렇게 태어난 사람은 없다. 태어날 때부터 재수가 없는 사람이라는 생각을 남에게 말한다는 건 우리 회사에 입사할 마음이 없다는 뜻으로 생각되었다. 결국, 채용하지 않았다.

아들아! 입버릇처럼 이렇게 말해 봐라.

"나도 돈을 좋아하지만, 돈이 나를 더 좋아한다."

입이 뇌를 작동시키는 스위치라고 생각해라. 스위치를 올리자마자 자동으로 '돈이 나를 사랑한다', '나는 재수가 좋다', '돈에게 감사한다'고 되뇌어라. 일어나자마자 거울 앞에서 확언을 하면 더욱 좋다.

가끔 아버지가 직접 회사 영업직원들에게 강의할 경우가 있다. 이때는 '욕망카드'를 쓰게 한다. 돈이 많으면 할 수 있는 일이 무엇인지 적어 보게 하고, 순위와 점수를 매기는 것이다. 돈을 갈망하는 사람일수록 영업실적과 소득이 높았다. 절박하게 돈이 필요한 사람이 영업실적이 높은 것이 아니라, 의지가 높아야 한다는 것을 다시금 깨달았다.

돈이 있으면 인생에는 선택지가 많아진다.

『부의 추월차선』(토트, 2022)을 쓴 엠제이 드마코는 람보르기니 자동차를 타겠다는 결심을 하고 꿈을 이루었다.

돈에 대한 욕망을 숨길 필요가 없다. 그렇다고 남을 인색하게 대하라는 말이 아니다. 돈이 생기면 한턱내는 습관을 가지는 것도 좋다. 쓰는 즐거움도 있기 때문이다. 돈을 사용하는 것은 무엇보다 큰 쾌락이다. 돈은 사용해야 가치가 올라간다는 것을 명심하라.

식사 대접을 받거나 밥을 얻어먹는 것에 길들여진 사람은 결코 부자가 될 수 없다. 물론 일부러 식사 대접을 거절하라는 말은 아니다.

코코 샤넬Coco Chanel은 "상대가 부자인지, 아닌지는 상관없다. 그것보다 그 사람이 어떻게 사용하는지를 본다"고 말했다.

겸손한 자세와 공손한 말투는 기본이다. 상대방에 대한 관심을 표현하는 것도 중요하다. '괜찮다', '잘될 거야', '좋은 일이 생길 거야'라는 긍정적인 말투가 습관이 되면 세상을 살아가는데 큰 무기를 가진 것이나 다름없다.

　예를 들어, 일론 머스크의 도전정신을 표현하고 싶다면, 일론 머스크의 장점, 닮고 싶은 점을 남에게 표현해라. 그의 성공 스토리를 전파함으로써 간접적으로 그런 사람을 존경한다는 아들의 꿈과 희망을 알리도록 해라. 일론 머스크는 아니더라도 그의 삶을 동경한다는 인상을 심어주라는 것이다.

부자아빠의 돈 공부

좋은 첫인상을 심는 것이 중요하다. 겸손한 자세와 공손한 말투는 기본 중의 기본이다.

공부 없이 투자하는 건
돈을 그냥 버리는 일

`투자 공부`

투자에는 원금손실 위험이 항상 존재한다.

특히 주식, 채권, 집합투자증권은 원금을 잃을 위험이 크다. 채권, 주식 같은 기초상품에서 파생한 선물, 옵션, 스왑 같은 파생상품은 원금 외에 초과 손해까지 물어낼 위험도 있다. 이에 비해, 은행저축과 채권은 소극적이지만 안정적인 투자 방법이다.

일반인이 워런 버핏처럼 저평가기업을 골라 가치투자를 하기는 어렵다. 버핏은 1973년 '워싱턴포스트'의 주식을 내재가치 평가액의 1/4 가격에 인수했다. 1,060만 달러를 투자해 지금 13억 달러가 되었다. 무려 124배가 오른 것이다. 우리나라를 예로 들면, 지난 40년간 삼성전자 주가가 400배 올랐고, 은마아파트 가격이 96배 올랐다고 조사되었다.

2022년 포브스(Forbes)의 순자산 추정치 보도를 살펴보자. 세계 1위는 루이비통, 크리스챤 디올, 펜디, 티파니앤코 브랜드로 유명한 베르나르 아르노와 그 가족으로 나타났다. 2위는 테슬라의 일론 머스크, 3위는 아마존의 제프 베이조스였다. 오라클의 래리 엘리슨, 버크셔 해서웨이의 워런 버핏, 마이크로소프트의 빌 게이츠, 미디어그룹 블룸버그 L.P의 마이클 불룸버그가 그 뒤를 잇고 있다. 우리나라에서는 삼성 이재용 회장이 268위, 셀트리온 서정진 회장이 455위, 스마일게이트홀딩스 창업자 권혁빈이 523위, 카카오 창업자 김범수가 534위에 올랐다. 이외에도 1,000위 안에 삼성가의 홍라희, 이부진과 현대차 정몽구 회장, 메리츠금융의 조정호 회장, 넥슨 창업자 故 김정주의 부인인 유정현 NXC이사가 있다.

삼성가 3명, 범현대가 1명, 메리츠(한진그룹 창업자 조중훈의 넷째 아들) 1명을 제외한 나머지는 증여나 상속 없이 스스로 창업하여 일구어낸 성과다. 앞서 말한 세계 1~7위의 부자도 1세대 창업자라는 사실에 주목해야 한다.

부동산과 주식 투자로 큰 수익을 올린 사람이 많다. 투자에 크게 성공한 사람들은 겸손하다. 자랑하지 않는다. 가만히 있어도 주위에서 알아주기 때문이다. 반대로, 마치 큰 이익을 거둔 것처럼 행동하고 자랑하는 사람도 많다. 전문가 흉내를 내며 유료 회원을 모집하여 돈을 버는 사람도 있다.

TV에 나와 주식 종목을 분석하거나 보험 보장분석을 하는 사람은 투자와 보험영업을 잘하는 사람이 아니다. 그들이 진짜 실력을 갖추고 있다면 현장에서 일하며 몇 배의 이익을 거둘 것이다. TV에 나와 시청자 전화상담으로 부동산 물건을 분석하거나 분양을 유도하는 사람 또한 마찬가지다.

사업으로 크게 성공한 부자

첫째, 남다른 창의성으로 성공한 사람들이 있다.

혁신적 아이디어와 우주산업의 아이콘 일론 머스크, 전자상거래의 제프 베이조스, SNS의 마크 저커버그 등 많은 이들이 있다. 여기에 넷플릭스의 창업자 리드 헤이스팅스Reed Hastings를 추가하고 싶다. 그는 비디오 스트리밍 사업의 선구자가 되었다. 사업가는 아니지만 제주 올레길을 만든 서명숙 이사장,

파주 헤이리마을을 만든 예술인들도 창의적인 마인드로 성공을 거둔 사례다.

둘째, 한 우물만 파서 성공한 사람들도 있다.

진공청소기 등 가전에 주력한 다이슨의 창업주 제임스 다이슨James Dyson, 신용카드 없이 5초 만에 온라인 결제를 할 수 있는 시스템을 개발한 핀테크 기업 어펌(Aiffirm) 창업자 맥스 레브친Max Levchin이 있다. 맥스 레브친은 일론 머스크와 함께 온라인 결제기업 페이팔(Paypal)을 창업하기도 했다. 2017년 박성현이 US여자오픈에서 우승한 트럼프 내셔널골프클럽, 트럼프 타워 등을 소유한 부동산재벌 도널드 트럼프 또한 빼놓을 수 없다. 쿠팡의 김범석, 배달의민족의 김봉진, 야놀자의 이수진 등 애플리케이션으로 재벌이 된 사람도 있다.

대표적인 실패 사례

아시아 재벌순위 2위까지 올랐던 중국 부동산재벌 헝다그룹(에버그란데)의 쉬자인 회장 사례가 대표적이다. 그는 개인 자산의 93%인 48조 원을 잃고 파산 직전에 몰렸다. 헝다그룹은 최근 2년간 102조 원의 영업 손실을 냈고 계열사가 하나씩 파산하고 있다. 정부의 정책에 대응하지 못한 것이 주요 원인이다. 많은 아파트를 지어댔지만, 제로코로나 정책으로 주택시장이 침체하였고 고강도 대출 규제로 분양시장이 경색된 결과다.

2008년 경제위기에 무너진 기업들도 많다. 사실상 국영화된 미국의 AIG그룹, 네덜란드 ING그룹이 대표적이다.

실패 사례에서 그 원인을 세 가지로 정리해본다.

첫째, 무리하게 레버리지를 활용했다. 감당하기 어려울 정도로 빚을 내는 것은 위험하다.

둘째, 잘못된 정보를 활용했다. 망한 기업 모두는 시장 경색 징후를 보고하는 자료를 무시했다는 공통점이 있다.

셋째, 투자 결정을 잘못했다. 수요와 공급 그리고 투자 시기와 회수시기를 조절하지 못했다. 투자금의 회수가 더딘데도 신규 투자를 늘렸기 때문에 유동성 부족 문제가 생긴 것이다.

『부자아빠 가난한 아빠』(민음인, 2018)에서 로버트 기요사키는 부자와 가난한 자의 근본적인 차이점은 두려움을 다루는 방식이라고 했다. 금융지식이 많아도 장애물에 부딪혀 두려움을 이겨내지 못하는 사람이 있다. 이들에게 부자가 될 기회의

문은 닫혀 있다. 부동산이든 주식이든 살아 있는 생물이라고 생각해야 한다.

워런 버핏이 말했다. "주식시장은 적극적인 자에게서 참을성이 많은 자에게 돈이 넘어가도록 설계되어 있다"고. 투자에 대한 지식과 감(感)을 통해 마지막에 웃는 투자자가 되어야 한다.

부자아빠의 돈 공부

투자에 대한 두려움을 극복할 때 공부만큼 좋은 건 없다.

돈 버는 시스템을 만드는 법

2020년, KBS '개그콘서트'가 종영되자 출연 개그맨들은 생계 걱정을 해야 했다. tvN 방송 '코미디빅리그'를 제외한 모든 코미디프로그램이 없어진 것이었다. ('개그콘서트'는 2023년 11월 다시 부활했다.)

인기 개그맨은 다른 예능프로그램에 출연하면 되지만, 일터를 잃은 비인기 개그맨들은 살아갈 길이 막막해졌다. 배달업이나 막노동에 나선 개그맨도 있었지만, 창의성 있는 몇몇 개그맨들은 위기를 기회로 바꾸었다. 남을 웃기는 자신들의 장기를 콘텐츠로 만들어 새로운 분야에 도전한 것이다.

몇 년 전 빅데이터 분석 결과를 살펴보면, 흥미로운 사실을 발견할 수 있다. 2019년 5월 14일, 〈중앙일보〉 기사에 유튜브의 개그 프로그램 인기 순위가 나온다. 1위 흔한남매, 2위 엔조이커플, 3위 피식대학이다. 모두 무명 개그맨 출신들이 만든 채널이고, 두세 명 소수가 방송을 주관한다는 공통점이 있다. 여러 명이 출연하는 개그보다 몇 명이 나누는 입담에 사람들이 호응한 것이다. 몇 명이 기획한 방송인데도 많은 스태프와 거액을 들인 방송국 프로그램에 밀리지 않았다.

미디어 세상은 정말 빠르게 변하고 있다. 1인 세대의 증가로 TV를 보지 않는 가구가 늘고 있다. 유튜브와 넷플릭스 등 새로운 방송시스템에 밀려 TV 방송 채널이 중장년층의 미디어로 변하고 있다고 해도 과언이 아니다. 젊은 사람들은 유튜브, SNS 등 입맛에 맞는 영상만 골라 시청한다.

아들딸에게 돈 들어오는 시스템을 알려주려고 시도했던 일을 되짚어본다. 6년 전, 아들이 군대에 다녀오고 대학교에 복학했을 때의 일이다. 아들 명의로 오피스텔을 분양받아 임대사업자를 냈다. 강남구에 소재하는 오피스텔이라 임대료가 비싼 편이었다. 보증금 3천만 원, 월 140만 원에 임대를 놓았다. 오피스텔 분양가는 3억 9천만 원이었고, 은행 대출 2억 5천만 원과 보증금 3천만 원을 받아 활용했다. 모자란 1억 1천만 원은 아들이 어려서부터 모은 돈과 외할아버지에게 빌린 돈을 사용했다. 아들은 받은 월세로 대출이자도 갚고 외할아버지에게 빌린 돈을 갚아 나가고 있다. 회사원이 된 지금은 회사에서 받은 월급을 포함해 모든 수입과 지출을 스스로 관리하고 있다.

아버지로서 성인이 된 아이들 삶에 최대한 간섭하지 않으려고 한다. 하지만 조언을 구한다면 기꺼이 내가 아는 모든 걸 알려줄 것이다. 물고기를 잡아 주지 않고 물고기 잡는 법을 알려줄 것이다. 물고기를 잡아주면 하루의 끼니를 때울 수 있지만, 물고기 잡는 법을 가르쳐주면 평생 끼니를 해결할 수 있을 테니까. 그런 이유에서 시스템으로 돈을 버는 법을 알려주고 싶다.

딸에게도 비슷한 시스템을 알려주고 싶었다. 그래서 상가를 증여하거나 재개발 중인 아파트를 증여하려고 했다. 그런데 딸은 부채를 활용한 레버리지 투자를 꺼렸다. 자산은 부채와 자본의 합계라는 대차대조표의 공식을 이해하려고 하지 않았다. 하는 수 없이 대출 없는 재개발아파트 입주권을 증여하려고 준비하고 있다.

2021년, 아버지는 1인 기업을 만들었다. 부동산 임대회사로, 자본금 5천만 원에 불과한 영세 기업이다. 추가로 부동산을 구입할 때마다 증자를 통해 자본금을 늘려가려고 한다. 그리고 이 회사의 정관을 변경해 출판, 유통 분야 사업을 하려고 한다.

얼마 전, 아들이 이 회사가 증자한다면 지분투자를 하겠다고 말했다. 아들에게 사업을 가르치고 경제를 보는 안목을 키워줄 좋은 기회가 될 것 같아 기쁘다. 아들은 사업에 관심이 많다. 하지만, 10년 정도 회사에 다니고 그때 가서 사업을 할지 판단하는 게 좋다고 말해주었다. 세상을 보는 안목을 키우는 게 먼저다. 그때 가서 판단하면 된다.

파이프라인을 만드는 방법

시스템으로 돈 버는 법에는 여러 가지가 있다.

첫째, 임대시스템이다. 부동산, 장비, 기계를 임대 놓아 고정적인 임대수익을 얻는 방법이다.

둘째, 배당시스템이다. 삼성전자처럼 우량한 기업의 주식을 보유한다면 주가 변동으로 인한 투자수익 외에 별도의 배당수익이 발생한다.

셋째, 온라인 비즈니스를 통한 시스템이다. 인터넷으로 상품과 서비스를 유통하여 이익을 얻는 경우가 많다. 블로그를 통한 광고 수익도 일종의 시스템 수익이다. 유튜브를 통해 큰돈을 버는 시스템을 만든 무명 개그맨의 사례를 앞에서 말했다. 애플리케이션을 통한 시스템 수익은 큰돈을 벌 수 있는 플랫폼이다. 애플리케이션을 다운로드할 때 돈을 받거나, 무료 다운로드를 제공하면서 가상 아이템을 구입하도록 유도할 수 있다. 클릭할 때마다 광고 수익이 나게 할 수도 있다. 음악 애플리케이션처럼 콘텐츠 이용자가 매월 정액을 내고 구독하거나 이용하게 유도할 수도 있다.

이외에도, 저작권을 통한 시스템, 프랜차이즈 사업을 통한 유통시스템 등이 있다.

AI 시대를 넘어 AGI(Artificial General Intelligence, 범용 인공지능) 시대가 온다고 한다. 컴퓨터가 생각과 학습을 하고 창작까지 할 수 있어서, 지능을 가지고 있다고 착각하게 된다고

부자아빠의 돈 공부

한다. 창작물이든, 보고서든 결과물을 봐도 사람이 한 것인지 기계가 한 것인지 분간하지 못하는 시대가 빠르게 다가오고 있다.

지금 아무리 잘나가는 직업이더라도 10년 뒤에 남아 있을지 알 수 없다. 의사, 변호사, 회계사가 미래에도 인정받는 직업이라고 보장할 수 없다. 자식을 잘 교육시켜 의대와 로스쿨에 보내는 것이 과연 최고의 가치일까?

다가오는 기계 세상에 대비하려면 인간 중심의 가치를 주목해야 한다. 즉, 사람의 감성과 공감, 관계, 유대감을 키울 수 있는 능력을 갖춘 사람이 리더가 될 거라고 믿고 있다. 이러한 휴먼터치 산업이 미래의 블루오션이 될 것이다.

부자아빠의 돈 공부

자기만의 물고기 잡는 법. 그게 시스템으로 돈 버는 법이다.

세상 돌아가는 이야기에 관심을 두라

경제

'사이좋은 사람들의 세상'

20대 중반 이상의 세대라면 SK그룹의 프로그램 '싸이월드'를 기억할 것이다. 당시에 '싸이 한다'라고 말하면 '싸이월드 미니홈피를 이용한다'는 의미로 통했다. 싸이월드는 사람들을 온통 '도토리'와 '일촌' 열풍에 휩싸이게 한 세계 최초의 SNS였다. 페이스북(메타, META)의 마크 저커버그는 싸이월드에서 힌트를 얻고, 몇 가지 문제를 극복하여 세계화에 성공했다.

데스크톱 PC 시대에 전성기를 구가하던 싸이월드는 스마트폰이 출현하자 시장에 적응하지 못했다. 막대한 자금력을 가진 SK그룹조차 세상의 변화를 예측하지 못했다. 싸이월드라

부자아빠의 돈 공부

는 플랫폼의 우수성을 제대로 보는 인재가 SK그룹 안에 없었던 것이다.

싸이월드와 페이스북의 차이를 살펴보자.

싸이월드는 관심 있는 사람의 미니홈피로 번거롭게 찾아가야 했지만, 페이스북은 나를 중심으로 친구들의 소식이 쭉 나열되는 시스템이다. 그냥 마우스로 스크롤만 하면 되기 때문에 매우 편리하다.

2004년, 19살 하버드대에 다니던 마크 저커버그는 싸이월드를 흉내 내서 하버드대 학생만 이용할 수 있는 사이트를 개설했다. 한 달도 지나지 않아 하버드대 학생 절반이 가입하게 되었다. 이후 스탠퍼드, 콜롬비아, 예일 등 다른 학교 학생들도 이용할 수 있게 확대해 나갔다. 그렇게 페이스북이 탄생하고 진화했다.

다른 예로, 산업혁명이 일어났을 무렵엔 세계 무역의 주도권을 네덜란드가 가지고 있었다. 하지만 네덜란드는 영국, 프랑스처럼 식민지를 개척하기보다 상거래에 집중하다가 이류 국가로 전락하고 말았다.

싸이월드나 네덜란드의 사례를 볼 때, 우물 안 개구리는 세상에서 빛을 보기 어렵다. 그림자가 드리워져 반나절만 빛을 볼 수 있는 좁은 우물 속 세상에 존재하는 것이다.

항상 더 큰 세상의 이야기에 관심의 끈을 쥐고 있어야 한다. 주요 국가에 대한 특징을 알아두면 세상 이야기를 이해하는 데 도움이 될 것이다.

일본

이웃나라인 일본은 어떻게 경제 대국이 되었고, 어떤 문제가 있는지 특징을 살펴보자.

첫째, 완벽주의를 추구한다. 불량 없는 최고품질의 상품을 만들기 위해 끊임없이 연구한다.

둘째, 절약하는 국민성을 가지고 있다. 세계 최고의 저축률을 자랑한다.

셋째, 엘리트 관료주의 문화를 가지고 있다. 머리 좋은 수재에게 더 많은 기회가 생긴다. 우리나라와 비슷하다.

넷째, 상품을 표준화하여 대량생산하는 데 능하다. 하지만, 지금은 다품종 소량생산의 시대다. 일본 경제에서 '잃어버린 10년'이라는 말이 나오게 한 원인 중 하나가 대량생산을 고집

했기 때문이라고 해도 과언이 아니다.

다섯째, 정경유착의 뿌리가 깊다. 자율, 공정경쟁이 아닌 정경유착은 뿌리 뽑아야 할 적폐다.

여섯째, 노동시장이 경직되어 있다. 종신고용제, 연공서열 주의, 회사와 가정은 혼연일체라는 마인드가 여전히 남아 있다.

일곱째, 모방을 부끄러워하지 않는다. 오히려 빨리 베껴야 유익하다고 생각한다. 150년 전의 '좋은 것은 기꺼이 취함'(이토코도리)이라는 모방 마인드 때문에 창의성을 잃고 있다.

미국과 중국

현재 G2인 미국과 중국, 두 나라도 알아야 한다.

중국은 수천 년 동안 중화사상에 젖어 자신들이 세계의 중심이라고 생각하고 있다. 미국은 독립한 지 250년에 불과하지만, 세계 최강대국이 되었다. 두 나라의 공통점을 찾아보자.

첫째, 세계 최강으로 떠오른 지 얼마 되지 않았다. 미국은 2차 대전 이후 세계를 장악했다. 중국은 1990년대가 되어서야 세계 무대에 등장했고, 개방과 함께 G2가 되는 데 오래 걸리지 않았다.

둘째, 자원과 인구가 풍부하다.

셋째, 향후 100년간 두 나라를 넘어설 국가가 존재하긴 힘들다.

중국은 1840년대 아편전쟁을 시작으로 청일전쟁, 청불전쟁에 연달아 패하며 허약함을 드러냈다. 하지만 서구 열강과 일본의 침략에 시달리던 모습을 뒤로 하고, 1949년 공산화가 되며 힘을 강화했다. 그리고 '중국식 발전모델'을 통해 G2 국가로 위상이 높아졌다. 마오쩌둥은 대약진운동과 문화혁명을 거치며 국가의 이념을 정립했고, 덩샤오핑은 '실용주의' 노선을 선택했다.

덩샤오핑의 흑묘백묘론은 유명하다. 흰 고양이든, 검은 고양이든 쥐 잘 잡는 고양이가 좋은 고양이라는 이론이다. 그는 경제를 재건할 수 있다면 부정부패도 받아들이는 정책을 통해 눈부신 경제성장을 이루었다.

미국과 소련이라는 초강대국이 세계를 좌지우지하던 세계 질서를 무너뜨리고 미국과 어깨를 나란히 하고 있다. 인해전술과 막대한 자원으로 무장한 중국은 무서운 속도로 성장하고 있다. 미국의 견제에도 불구하고 10년 이내에 미국을 제치고

G1이 될 수도 있다.

중국의 주변국으로 미, 중 외교 틈새에 끼여 있는 우리나라의 형국은 위태롭다. 하지만, 우리나라에도 살길이 있다. IT 기술과 K 콘텐츠로 초강대국과 경쟁할 수 있다. 문화예술, 음식까지 세계의 문화를 선도하는 저력이 있다.

무엇보다도, 위기를 기회로 바꿀 수 있는 민족성을 가졌다. AI를 비롯한 4차 산업혁명 시대가 오고 있다. '빨리빨리'의 속도와 근면성, 그리고 우수한 두뇌와 창의성을 갖춘 우리나라도 충분히 많은 잠재력이 있다.

중국 인구가 우리의 20배라고 해서 인재의 수가 20배는 아니기 때문이다.

나라가 어떻게 움직이고 개인은 어떻게 살아야 하는지 알아야 한다. 나라도 개인도 정체성을 가져야 한다. 세계주도국이 되려면 담대해져야 한다. 미국이나 중국, 일본의 꽁무니를 따라다녀서는 길이 없다. 개인들도 쩨쩨하게 생각해서는 안 된다. 부를 이루고 성공하는 사람은 생각의 그릇이 다르다는 것을 기억하자.

부자아빠의 돈 공부

경제를 알면 돈의 감각이 달라진다. 뉴스, 신문을 가까이 하라.

나의 트렌드를
당신이 모르는 것이 요즘 트렌드

트렌드

위기가 오히려 기회라는 말이 있다.

1997년 IMF 때 부자는 더 큰 부자가 되었다. 반토막이 된 주식과 부동산은 부자들의 먹잇감이 되었다. 두 배로 오른 환율과 30%쯤 오른 금리 덕분에 돈 있는 사람들의 재테크 수익은 오히려 더 늘어났다.

2008년, 글로벌 금융위기 때도 폭은 다르지만 마찬가지 현상이 벌어졌다. 양극화는 심화되었다. 부자는 더 부자가 되고 가난한 사람은 더 궁핍해졌다. 코로나를 겪으며 자영업자 대부분이 어려움을 겪었지만, 그걸 발판으로 성장한 산업도 많다.

러시아-우크라이나 전쟁으로 곡물가격이 파동을 겪게 되면서 대부분의 소비자가 영향을 받아 지출이 늘었다. 하지만, 반대로 이익을 보는 국가가 생기고 그 나라의 국부는 늘어났다.

경제 시스템은 수만 개의 부품으로 복잡하게 조립된 자동차와 비슷하다. 전문가라고 해도 경기를 예측할 수 없다. 그래서 세상을 다변적, 다각적으로 볼 수 있는 폭넓은 시야가 필요하다.

어떤 분야에서 성공을 거두고 독보적인 자리를 차지한 사람들의 특징은 남이 보지 못하는 세상까지 멀리 내다본다는 점이다. 남보다 하나라도, 조금이라도 더 멀리 볼 수 있는 사람이 경쟁에서 이길 확률이 높다.

AI 세상이 빠르게 다가오고 있다. 알파 세대와 MZ 세대는 알고리즘 세상에 익숙하게 대응한다. 하지만, 기성세대는 새로운 디지털 세상에 적응하는 게 힘들다.

얼마 전, 챗GPT가 나오자마자 사람들은 패닉에 빠졌다. AI 시대가 다가올수록 머리를 쓰는 일에서 인간이 기계에 항복하게 될 것이다. 아직은 챗GPT 데이터가 어설프지만, 학습을 통해 진화한 프로그램이 나올 날이 머지않았다.

빠르게 변하는 세상에 적응하지 못한 기업의 사례는 많다.

코닥은 디지털카메라를 제일 먼저 개발하고도 필름 매출이 줄어들까 두려운 나머지 출시를 미루었다. 그러다가 세상 속에서 사라졌다. 노키아(NOKIA)는 스마트폰 이전 단계인 터치식 피처폰을 최초로 개발하고도 앞날을 예측하지 못해 이류 기업으로 전락했다. 디지털카메라의 출현에 대응하지 못한 폴라로이드 역시 마찬가지다.

요즘 트렌드는 이것이다

얼마 전, EBS 〈비즈니스 리뷰〉 '노가영의 MZ 세대 뒤를 이을 알파 세대가 온다' 편을 봤다. 알파 세대란 2010년 이후 출생자를 말한다. 이들은 태어나자마자 유튜브를 시청하고 AI 챗봇과 친구처럼 성장해 온 세대다. 다른 세대들이 갖지 못한 SNS 영향력과 소비력을 가진 세대다. 앞으로는, 이들의 언어를 이해하고 문법을 이해해야만 미래 시대에 대응할 수 있다고 한다. 2025년, 전 세계 인구의 25%를 차지할 알파 세대는 이미 '시장의 큰손'이 되어가고 있다.

'나의 트렌드를 당신이 모르는 것이 요즘 트렌드다.'

콘텐츠 전문가 노가영 작가가 말한 것으로, 최근의 트렌드를 가장 압축적으로 표현하는 문장이다. 과거에는 다수가 공유하는 주류의 트렌드가 존재했다. 하지만 이제는 취향이 잘게 쪼개어져(파편화) 하나의 유행이 주류가 되지 못하고 있다고 한다.

초등학교 5학년~중학교 1학년 아이들인 알파 세대는 취향과 소신에 따라 소비하면서, 자신이 세상의 중심이라고 생각한다. 물론 다른 사람의 다양성과 취향을 존중하는 데도 진심이다. 또 한 가지 주목할 만한 점은 각자의 취향 집단들끼리 SNS에서 커뮤니티를 만들어 뭉치고 있는 현상이다. 개인별로 다르지만, 초등학생들은 보통 3~4개 정도의 커뮤니티에서 활동하고 있다고 한다. 글로벌 기업들이 포용력을 갖춘 알파 세대 커뮤니티 리더를 경쟁적으로 스카우트하려고 덤빌지도 모른다. 디지털 세상에서 자신들의 콘텐츠를 만들어 커뮤니티에서 활동하는 알파 세대에 주목해야만 하는 이유다.

미래에는 암기를 잘하는 사람, 수학 공식을 이해하는 사람, 그리고 코딩을 잘해 고액 연봉을 받는 사람들이 AI에게 빠르게 직업을 빼앗길 것이다.

한편, 사람을 이해하고 공감하는 학문, 즉 심리, 역사, 문학, 철학 등 인문학이 더 중요해질 것이다. 미래에는 자신만의 독

특함을 가진 사람이 성공한다. 자신과 같은 취향을 가진 사람들을 모아 커뮤니티의 리더가 되어야 성공할 수 있다.

이제는 과거로 돌아갈 수 없다.

AI 아나운서가 일기예보를 할 날이 머지 않았다. 기계가 함께 수다를 떨어주는 친구가 되고 책을 읽어주며 밥을 지어줄 것이다. 그런 세상이 삭막하다는 느낌도 든다. 아버지는 식당에 가는 손님으로서 인사만은 기계가 아닌 사람에게 받고 싶다. 따뜻한 사람의 미소에서 받는 고마움을 기계가 대체할 수 없기 때문이다.

사람의 감정을 알고리즘 세상의 변화에 덧입힌다면 남과 차별화할 수 있다. 아주 작은 차이 하나가 빛을 보는 세상이 오고 있다. 틈새 아이템이 산업이 되고 대박 나는 길을 열어 줄 것이다. 해답은 멀리 있지 않다. 차별화는 기본이다.

부자아빠의 돈 공부

알고리즘 세상에서 차별화는 기본이다. 변화를 받아들여야 살아남을 수 있다.

아이템을 찾는다면
'마트도시' 중국의 이우를 주목하라

중국을 이해하지 못하면서 무역사업을 한다는 건 텃밭 없이 농사짓는 것과 마찬가지다. 14억 중국 인구는 전 세계의 18%이다. 지금은 G2지만 10년 후의 위상은 알 수 없다. 중국 공부를 게을리 하면 안 되는 이유다.

일반 사람들에게 중국 저장성에 있는 '이우(義烏)'라는 도시는 생소하다. 관광지도 아니고 대도시도 아니다. 하지만 이곳에는 세계 최대의 생활용품 도매시장이 있다. 그래서 무역을 하는 사람들에겐 익숙한 도시다. 생활용품을 수입하려고 하거나 유통업에 진출하려는 사람이라면 이우 시장을 방문하는 것이 도움이 된다. 히트상품 아이템을 찾으려는 사람들도 꼭 방문해 보길 바란다.

이 도시는 '소규모 거래라면 이우'라는 이미지로 명성을 얻었다. 양말, 액세서리, 공예품, 화장품, 모방직 제품, 조명 등 20여 개 품목은 다른 도시가 따라올 수 없는 전시시장을 형성하고 있다.

2016년, 무역회사를 운영하고 있었다. 큰아버지가 아버지를 도와 회사 경영을 맡아주었는데, 큰아버지를 통해 이우라는 도시가 있다는 것을 알게 되었다.

바로 중국 출장 일정을 잡았다. 산둥성에 있는 쯔보(淄博)라는 도시에 있는 도자기 그릇 제조회사에 들러 수입할 품목을 선정하고, 계약까지 하는 것이 1차 방문 목적이었다. 아울러 이우에 들러 일용품 전시장을 둘러보고 추가로 수입할 아이템을 선정하는 것이 2차 방문 목적이었다.

칭다오(靑島)에서 15년 동안 목사를 하고 있는 지인 H에게 동행을 부탁했다. 그는 중국어에 능통하고 교민들과의 교류, 산둥성의 지리에 밝은 사람이었다. 칭다오에 도착한 다음 날 쯔보로 출발했다. H를 통해 칭다오에서 쯔보까지 1박 2일 일정을 같이할 대절 택시를 불렀다. 쯔보에서 셋이 1박을 하고 아버지와 큰아버지는 버스로 항저우(杭州)를 경유해 이우에 가기로 했다. H는 대절 택시를 타고 칭다오로 돌아가기로 했다.

쯔보에 있는 무역상에 들렀다가 공장 견학을 갔다. 한 시간을 차로 이동해 공장에 도착했다. 공장작업 환경은 열악했다. 흙먼지에 뒤덮여 앞을 분간하기 힘들었다. 바닥은 흙이고 지붕과 건물도 낡아 비가 샐

것 같은 목조건물이었다.

쯔보에서 4인 가족 그릇 세트와 찻잔과 주전자 세트 제작 주문을 마치고, 항저우로 이동해 다시 이우로 가는 리무진 버스를 탔다. 이우에 내려 택시를 타고 예약해 놓은 숙소로 이동했다.

다음 날부터 시작된 이우의 일용품 매장 방문은 놀라움 그 자체였다. 셀 수 없을 만큼 많은 가게 수도 놀라웠지만, 가격을 보고 놀랐다. 우리나라에서 구입하는 가격의 약 10% 수준이었다. 이를 수입해서 판다면 경이적인 이익률이 나올 것 같았다. 물론 통관 비용과 관세, 그리고 국내의 유통비용을 감안해야겠지만 투입자본(원가) 대비 세 배, 국내 판매가격 대비 50% 이상 마진을 볼 수 있을 것 같았다. 게다가 없는 상품이 없었다. 이우라는 도시에는 아프리카 상인들까지 전 세계의 무역상들이 모여들었다.

국내에서 5천 원에 파는 우산을 5백 원이면 구매할 수 있었다. 2만 원하는 낚시용 의자는 2천 원, 길거리 리어카에서 2천 원에 파는 머리끈이나 귀고리, 반지 등 쥬얼리는 백 원에 살 수 있었다. 이우 시장은 한 개씩 파는 데가 아니다. 최소 수백 개 이상의 도매거래나 무역 거래를 하는 곳이다.

그렇게 3일간 이우 시장을 돌아다니며 발품을 팔았다.

이때, 무엇을 알게 되었을까?

첫째, 이우에는 없는 물건이 없다. 현지 가이드는 농담처럼 탱크도 만들 수 있을 것이라고 했다.

둘째, 규모 면에서 인정하지 않을 수 없다. 영업 면적만 640여 만 ㎡로 축구장(7,350㎡) 약 870개 규모에 달한다. 상점 7만 5천 개에 근무 인원이 21만여 명에 이르고, 취급하는 상품만도 210만 개나 된다. (2023년 5월 1일 〈서울경제신문〉)

셋째, 가격에 놀랐다. 재룟값도 안 될 것 같은데 어떻게 이런 가격이 매겨졌을까? 아무리 인건비가 싸고 자원이 풍부하다고 해도 어떻게 단돈 몇 백 원에 이런 물건을 만들 수 있을까? 경이로운 경험이었다.

귀국하기 위해, 이우에서 고속열차를 타고 상하이역에 내려 공항으로 가는 지하철을 탔다.

그때 당시 놀라웠던 경험 몇 가지를 적어본다.

첫째, 이우역 대합실에 들어선 순간 어안이 벙벙했다. 수천 명의 중국인들이 떠드는 소음에 당황한 것이다. 살아오면서 처음 겪는 소음이었다. 군대 사격장 소음을 넘어서는 것이었다. 바로 옆에 있는 큰아버지와 전혀 대화를 할 수 없었다.

둘째, 고속열차에 타서도 시끄럽기는 마찬가지였다. 많은 사람들이 탑승 시간 내내 큰 소리로 휴대전화로 통화를 했다. 살아있는 닭을 보자기에 싸서 탄 사람도 있었다. 45년 전, 방학을 맞아 큰 집에 놀러 가던 기차 안 광경이 연상되었다.

셋째, 짐을 검사하는 일이 많았다. 기차에 탈 때도 공항에서처럼 몸과 짐을 검사하고, 지하철을 탈 때도 짐을 검사했다. 사회주의 국가라 그런지 개인 프라이버시를 무시했지만, 많은 사람들이 국가정책에 순응하고 있었다. 5박 6일 짧은 여행이었지만 비행기, 버스, 대절 택시, 일반 택시, 고속열차, 지하철까지 선박을 제외한 모든 교통수단을 이용했던 뜻깊은 경험이었다.

'중국 이우국제상품 페어(박람회)'가 매년 10월에 열린다고 한다. 기회가 된다면 아들과 함께 다녀오고 싶다. 꼭 물건을 수입하지 않더라도 아들에게 넓은 세상을 보여주고 싶다. 이우박람회는 영향력이 큰 소비재 페어다. 중국 내수 기업뿐 아니라 외국 기업들이 마케팅 네트워크를 넓히는데 플랫폼 역할을 한다.

이우는 세계 제일의 마트 도시다. 선전(深川), 광저우(廣州) 등 비슷한 도시가 있지만 폭넓은 상품, 국제적인 트렌드를 모두 보려면 단연 이우가 최고다.

사랑하는 아들아,
이 말만은 기억해다오.

사람의 인생에서 안정된 것은
하나도 없음을 기억해라.
그러니 성공에 너무 들뜨거나 역경에
지나치게 의기소침하지 마라.

Remember that there is
nothing stable in human affairs;
therefore avoid undue elation
in prosperity, or undue
depression in adversity.

소크라테스Socrates

3장

안정적인 재테크의 비밀 7가지

신중하고 꼼꼼한 딸을 위한 투자법

돌다리도 두들기며
차근차근 모으고 싶다면

안정적인 재테크

아들딸은 사회초년생으로 4~5년 차의 직장인이다. 아버지는 아들딸의 재테크에 전혀 관여하지 않는다. 하지만 조언을 구한다면 아는 만큼 얘기해줄 것이다.

한 뱃속에서 나왔어도 딸과 아들은 정반대의 성격을 가졌다. 단지, 남자와 여자라는 특성 때문이 아니다. 우리 아들딸이 그렇다는 말이다. 그래서 이번엔 각각의 성향에 맞는 재테크 방법을 알려주려고 한다.

아들은 조급하지 않고 침착하지만 도전적인 면이 있다. 또한, 아직 청년이라 리스크가 있더라도 큰 수익을 낼 수 있는 적극적인 투자 스타일이 맞을 것 같다.

반면에, 딸은 원칙을 중시하는 것이 엄마를 닮았다. 차분하면서 말이 적은 편이다. 공부하려고 자리에 앉으면 엉덩이가 배길 정도로 끈기가 있다. 투자 스타일 역시 차근차근 모아가는 안정적인 스타일이 맞을 것 같다.

우선, 신중하고 꼼꼼한 우리 딸을 위한 투자법을 알려주겠다.

현금성 자산

신문에 우리나라 4대 시중은행 프라이빗뱅킹센터(PB Center)의 투자 컨설턴트를 대상으로 한 설문조사가 실린 적이 있다. (2022년 2월 8일자, 〈한국경제신문〉 '금융자산 황금 포트폴리오') 컨설턴트들은 한결같이 최소 20%의 자산을 현금성 자산으로 확보하라고 권했다.

현금성 자산이란 현금과 은행예금, 금 등을 말한다. 설문에 응한 사람들이 은행 직원이라서 예금을 유도했겠지만, 금융위기가 오거나 개인에게 예기치 않은 사고나 위기가 닥쳤을 때 당장 현금성 자산이 필요한 건 맞다. 이게 심리적 안정감을 준다.

현금성 자산은 넓은 의미에서 유동성 자산이다. 현금으로 쉽게 바꿀 수 있는 환금성 자산을 말한다. 대표적으로 단기성 예금, 채권과 주식, 입출금이 자유로운 펀드(MMF, CMA, MMDA) 등이 있다. 유동성을 갖춘 자산은 대체로 안전하다. 리스크가 적고 금융기관과의 거래비용이 낮다.

채권은 국가나 지방자치단체가 발행하는 국공채와 기업이 발행하는 회사채를 말한다. 회사채는 국공채보다 수익률이 높지만 리스크가 크다. 회사채를 매입한다면 반드시 우량한 회사 채권에 투자해야 한다.

금(金)을 보유하는 것도 하나의 방법이다. 집이 아니더라도 은행 금고에 보관할 수 있다. 그리고 귀금속 ETF(상장지수펀드)에 가입해 간접적으로 금에 투자할 수 있다. 큰 부자들은 금을 보험적 자산으로 인식한다. 금값 변동으로 인한 수익도 있겠지만, 환율이나 국제정세 변화에도 흔들리지 않고 가격이 안정적이라는 점 때문에 금 투자를 선호하는 것이다.

외화예금도 살펴보자. 우선, 기축통화가 무엇인지 알아야 한다. 글로벌 시장에서 원활히 유통되는 통화를 지칭하는 것이지만 국가의 경제 규모, 그 나라의 금융시장 안정성 등에 의해 결정된다. 미국 달러(USD), 유로화(EUR), 일본 엔화(JPY), 영국 파운드(GBP), 그리고 중국 위안화(CNY)까지 이 다섯 통화가 기축통화다. 금과 마찬가지로 기축통화는 다른 나라 화폐에 비해 비교적 안전한 자산으로 분류된다. 환율 변동으로 인한 수익도 기대할 수 있다. 그리고 국제정세의 변화 리스크를 회피할 수 있다는 장점이 있다.

지금 엔저(엔화 가치 하락)인 상황을 기회로 엔화 예금에 가입하는 것도 좋다. 일본 여행을 싼값에 다니는 것만 좋아할 것이 아니라 엔화 예금에 가입했다가 나중에 현금화한다면 꽤 괜찮은 수익이 나올 것이다.

안정적인 은행을 선호하는 사람들

그렇다면, 공격적인 투자보다 안정적인 은행예금을 선호하는 사람들은 누구일까?

일반적으로, 나이가 많은 보수적인 투자자, 노후준비를 하는 사람, 채권이나 주식 등에 투자경험이 부족한 초보 투자자

부자아빠의 돈 공부

일 가능성이 크다.

경제는 살아 움직이는 생명체와 같다. 경제에도 생태계가 있고, 돌고 도는 메커니즘이 있다. 다르게 말하면 경제 생태계와 메커니즘을 알면, 다가올 경제상황을 예측할 수 있다는 말이다. 미래를 예측할 수 있다면 리스크는 줄이면서 최대의 수익을 내는 투자 방법을 찾아낼 수 있다.

그런데도 더 안전한 자산에 투자하기를 원한다면 금 투자나 외환 투자를 하는 것이 좋다.

이도 저도 아니면 부동산 투자가 좋다.

부동산 투자에는 큰돈이 들어간다고 생각할 수 있지만, 소액으로 투자할 수 있는 방법도 많다. 하지만, 모든 투자의 책임은 온전히 자신의 몫이다. 미래를 정확히 맞추는 투자는 PB센터나 증권회사 전문가도 할 수 없다. 그들도 그저 눈에 보이는 객관적인 사실을 예시하고 조언하는 것뿐이다.

안정성을 따진다면, 역시 금융상품을 알아보는 것이 좋다.

은행예금이나 국공채는 안전한 자산이다. 단, 예금자보호법에 의해 보호되는 금융기관이어야 한다. 그리고 예금자보호법으로 보호받을 수 있도록 한도만큼 여러 금융기관으로 쪼개어 가입하는 게 좋다. 물론, 이율, 조건을 꼼꼼히 따져봐야 한다.

또한, ETF(Exchange Traded Fund, 상장지수펀드)도 비교적 안전한 투자 방법이다. ETF는 다양한 투자옵션이 있다는 것과 여러 종목에 투자하여 위험을 분산할 수 있다는 장점이 있다. 그리고 거래수수료가 저렴하다는 장점도 있다.

펀드는 투자를 운용사에 위탁하는 방식이다. 가입 기간, 운용방식, 수수료 등을 살펴보고 증권사와 운용사를 잘 골라야 한다.

부자가 되는 방법이 근검절약의 결과로만 얻어지는 것은 아니다. 절약하지만 가난한 사람도 많다. 특정한 업종이나 특정 직업을 가졌다고 부자가 되는 것도 아니다. 하지만, 성공하는 마인드를 가지고 있는 사람은 어떤 업종, 어떤 직업을 가지더라도 성공할 개연성이 높다.

부자가 되려면 부를 욕망해야 한다. 그리고 잠재력을 갖추도록 금융상품 공부를 하고 목표를 실현하는 방법을 터득해야 한다.

부자아빠의 돈 공부

안전성을 추구한다면 부동산, 금, 외환 그리고 ETF를 눈여겨보라.

월급은 종잣돈을 모을 좋은 기회다

직장생활

아버지의 통장에는 사업소득, 배당소득, 그리고 임대소득이 해당 날짜에 따박따박 들어온다.

하지만 아버지의 통장은 현금이 불과 몇 분 스치고 지나가는 경로일 뿐이다. 대출 빚과 이자를 갚고, 보험료, 공과금, 카드결제까지. 입금되자마자 지불해야 할 돈을 빨리 송금해 버린다. 빨리 처리해야 마음이 편해진다. 그러고 나면 잔액이 거의 없다. 설사 있어도 다음달 신용카드 결제액 일부를 미리 결제한다.

금세 통장은 텅 비게 되고 다음 월급날까지 카드로 생활한다. 그렇게 월말 기준으로 개인 대차대조표를 만들어 차곡차곡 편철한다. 이런 메커니즘으로 쳇바퀴 도는 한 달을 살아간다.

그런데, 직장인도 이런 사이클로 돌아가는 사람이 많다. 월급이 들어와도 저축, 공과금, 카드결제를 마치고 나면, 통장이 텅텅 비는 것이다. 다시 한 달 동안 카드를 쓰면서, 카드에 의존해 살아가는 패턴이 반복된다.

아버지의 경우, 은행저축은 20대에 종잣돈을 만들 때까지 가입한 게 전부였다. 사회에 처음 나와 재형저축과 청약저축에 가입했다. 청약저축은 아파트청약을 위해 필수라고 생각했다. 그리고 지금까지 은행저축은 하지 않는다.

직장생활을 시작하면서 받은 월급 중에 30만 원을 할아버지 빚을 갚으라고 할머니께 매달 송금했다. 저축액과 약간의 생활비를 제외한 나머지는 주식 투자에 쏟아부었다. 3년이 지나자 할아버지 빚을 갚는 부담이 없어졌다.

적금이 만기되어 받은 돈을 다시 주식에 투자했다. 매달, 공모주 청약일정을 다이어리에 적었다. 발품을 파는 수고로움이 있지만 빠지지 않고 공모주 청약을 했다. 당시, 공모주 청약을 하려면 계좌가 있는 증권회사에 직접 가서 여러 장의 신청서를 손으로 작성하고 청약증거금을 계좌에 넣어야 했다. 경쟁률이 높아 100주를 신청해도 몇 주만 나오는 경우가 많았다. 번거로웠고 푼돈 벌이에 불과했지만, 빈털터리 사회초년생으로서 놓치면 후회할 기회였다.

아버지는 취업이 되고 나서 신용카드가 생겼다. 지금은 없어졌지만, 매달 가계수표를 10장 발행할 수 있었다. 가계수표는 한 장에 30만 원까지 원하는 금액을 적어 쓰는 수표다. 한 달 10장이면 당시 몇 달치 월급에 해당하는 큰 금액이었다. 대학 4학년부터 시작한 주식 투자 밑천에 가계수표와 월급을 보태니 그럴 듯한 종잣돈이 되었다.

5백만 원으로 시작해 3년간 조금씩 투자 원금을 늘려나갔다. 당시는 88올림픽 이후 경기가 호황이었기 때문에 대부분의 주식 투자자가 플러스 수익을 낼 수 있었다. 덕분에 투자한 지 3년이 지나자 높은 수익을 얻었고, 주식 일부를 팔아 첫 부동산으로 서울 상계주공아파트 22평을 살 수 있었다. 전세를 활용했기 때문에 실제로 부동산에 투자된 돈은 천만 원 남짓이었다. 회사에서 년 4% 저금리로 임직원 주택취득자금 대출 3천만 원을 받았다. 당시 직원복지로 대출해 주는 회사는 거의 없었지만, 금융권 회사들은 특혜를 받을 수 있었다.

아버지가 사회생활을 시작할 때 정기예금 금리는 8% 정도였고, 대출금리는 13% 내외였다. 금리가 높아 은행에 예금하는 것만으로도 부자가 될 수 있었다. 게다가, 88올림픽 이후 주식시장은 호황이었다. 종목만 잘 고르면 은행예금보다 높은 수익을 얻을 수 있었다. 증권사 객장에 사람들이 바글바글했다. 노인들은 물론 장바구니를 든 아주머니들까지 모여들었다. 오죽하면 증권사 사무실이 시장에 많았다. 회사 동료들과 점심 먹고 자투리 시간을 이용해 증권회사 사무실로 몰려갔다. 사람들 틈바구니에서 까치발을 세우며 내 주식의 주가가 시시각각 변하는 모습을 지켜보았다. 지금은 시세를 확인하러 증권사에 고객이 직접 방문하지는 않는다.

부자가 되겠다고 마음먹었다면 일순위로 종잣돈을 모아야 한다. 꼬박꼬박 월급을 모으는 건 은행저축이 편하다. 천만 원이든, 5천만 원이든 언제까지 얼마를 모은다는 정확한 날짜를 정해야 한다. 1달, 1년, 5년 재무계획을 세우고 시간관리를 해야 한다.

그리고, 매달 대차대조표를 만들어라. 목표를 달성한 항목 하나씩 지워나가라. 비록 지금은 근로소득에 의존하고 있지만 내가 만든 종잣돈이 나를 위해 돈을 벌어다 줄 수 있도록 창의적으로 생각하고 치밀하게 준비하라.

아버지의 바람이지만, (기본적인 생활비를 제외하고 가능하다면) 월급에서 매달 2백만 원씩 저축하라고 말하고 싶다. 그중 1백만 원은 저축에, 1백만 원은 우량기업 주식을 매달 사면 좋다. 여기서 저축이라 함은, 실손보험료와 종신보험료 10만 원, 청약저축 10만 원 그리고 80만 원은 재형저축이나 청년우대저축에 가입하는 게 좋을 것 같다.

부자아빠의 돈 공부

초기 직장생활은 종잣돈을 만들 좋은 기회다.

흉내 내지 말고
진심으로 하고 싶은 걸 하라

자기계발

성공, 자기계발 콘텐츠가 넘쳐난다.

사방에서 부업으로 본업보다 더 많은 돈을 벌 수 있다고 말하는 이들이 늘고 있다. 콘텐츠를 잘 골라야 하지만, 가장 중요한 것은 기술을 알려주는 것이 아니라 자신이 하고 싶은 분야인지 살펴보는 게 먼저다. 자신과 맞는다고 생각되면, 이왕에 동기부여를 받을 수 있는 콘텐츠를 고르는 것이 낫다.

다른 사람이 성공했다는 콘텐츠를 똑같이 따라 할 필요는 없다. 본인이 가장 중요하다고 생각하는 것, 좋아하는 것 그리고 잘할 수 있는 아이템을 선정하면 된다.

요즘 부쩍 부와 성공의 비결을 찾아다니는 사람이 늘고 있다. 빚을 지면서까지 자기계발에 몰입하는 사람도 있다. 덕분에 코로나를 거치며 온라인 강의 시장이 폭발적으로 늘어났다. 하지만 성장이라는 두루뭉술한 말을 좇아 무조건 따라하는 것은 의미가 없다. 자기계발서 백 권을 읽어도 가난한 사람은 가난하다. 이들은 부자들이 돈을 다루는 노하우를 알지 못하고 부자가 되기를 꿈꾸기만 한다. 부자의 마인드, 습관을 배워야지 부자를 부러워하면서 겉모습만 흉내 내는 것은 효과가 없다.

『미라클 모닝』(한빛비즈, 2016)이라는 책이 인기를 얻으면서 새벽에 일어나는 루틴을 만드는 사람도 많았다. 하지만 무리하게 습관을 만드는 것은 좋지 않다. 충분한 수면은 건강을 유지하는 힘이다. 하루를 기운차게 보내기 위해서라도 잠자는 시간을 무리하게 줄이면 안 된다.

새벽잠이 없어지는 노년기가 아닌 아들딸 나이에 (체질에 맞지 않게) 새벽잠을 포기하면서 자기계발을 하는 것은 지나친 것이다. 자투리 시간이나 주 1회 또는 월 2회 정도 시간을 내서, 하고 싶었던 분야에 몰두해도 충분하다.

좋은 온라인 강의를 찾는 법

세상에는 성공을 꿈꾸는 사람들의 눈먼 돈을 받으며 전문가행세를 하는 사람들이 넘쳐난다. 전문성 없는 사람이 시스템을 이용해 자기계발에 뛰어드는 사람들을 모집하는 경우가 흔하다. 온라인을 통해 자기계발을 위한 강의를 찾을 때 좋은 노하우가 있다.

다음 두 가지만 고려해도 비전문가 강사 대부분을 걸러낼 수 있다.

첫째, 코로나 이전부터 홈페이지를 이용해 강좌를 개설하고 있던 사람일 경우에, 노하우와 경력까지 있다면 믿을 만한 사람이라고 생각해도 좋다.

둘째, 무료 맛보기 강의를 개설해 강의를 먼저 듣게 하고 원하는 사람을 모집하는 경우가 있다. 이런 사람들은 나름 자신의 강좌에 자신감이 있는 사람일 가능성이 크다.

아버지의 인생 2막

아버지에게 전자책으로 '월세 받는 부동산 투자 노하우'를 써서 돈 들어오는 시스템을 만들라고 하는 사람들이 있다. 참고로 전자책은 (많이 팔린다면) 종이책보다 높은 인세 수입이 생길 수 있다.

또한, 얼마 전에는 웹소설을 쓰라고 제의한 출판사도 있었다. 그게 돈이 된다면서 왜 쉬운 길을 가지 않고, 돈이 안 되는 순수문학 소설을 습작하느냐고 했다. 잠시 고민했지만, 아버지는 돈 버는 일보다 좋아하는 일을 하기로 했다. 아직은 소설을 배우는 입장이고 천천히 나아가다 보면 '이 길이 내 길이구나' 하는 지점을 만날 거라고 믿고 있다. 아버지의 한계를 남이 결정할 수 없다. 나이가 많더라도 미리 미래를 한정하지 않으려고 한다. 죽는 날까지, 끝날 때까지 중요하다고 생각하는 길을 가보는 게 아버지의 자기계발 종착점일 것이다.

아버지가 인상 깊게 본 책은 단연 '삼국지'다.

초등학교 때, 월탄 박종화 선생의 『삼국지』(삼성출판사, 1968) 5권을 처음 읽었다. 이 책은 나중에 세 번을 더 읽었다. 이문열의 『삼국지』(민음사, 2002) 10권은 지금도 사무실 책장에 꽂혀 있다. 아버지는 이 책을 통해 지금껏 많은 생각을 확장하고, 문제가 생겼을 때 도움을 받았다.

일본을 통일하고 임진왜란을 야기한 도요토미 히데요시, 도쿠가와 이에야스가 나오는 『대망』(동서문화사, 2005)이라는 책도 큰 영향을 받았다. 진취적이고 도전하는 삶을 살도록 인생관을 바꾼 책이다. 이 책은 스케일이 큰 삼국지와 다르게, 나오는 사람들의 심리를 섬세하게 묘사한 매력이 있었다.

삼성출판사에서 출간된 『세계문학전집』 50권을 15살 때 읽은 것은 인생을 바꾼 계기가 되었다. 소설을 읽으면서 주인공에게 감정이입했고, 점점 생각하는 힘이 커졌다.

고등학생이 되어 문학 동아리에 들어가 시(詩)를 썼다. 하지만, 나중에 문학과 전혀 연관이 없는 직업을 가졌다. 그렇게 샐러리맨과 사업가로 살아왔다.

그러다가, 재작년부터 온라인을 통해 글쓰기를 배우고 에세이를 쓰기 시작했다. 짧은 시간 안에 에세이와 자기계발서 여러 권을 출간하기도 했다. 현재 '소설창작교실'이라는 강좌에 들어가 흥미진진하게 소설을 공부하고 있다. 습작생에 불과하지만, 등단을 목표로 도전하고 있다. 어린 시절 읽었던 책의 감성이 아버지를 문학 세상으로 다시 불러들였는지도 모른다.

부자아빠의 돈 공부

아버지는 글을 쓰면서 너무 행복하고 뿌듯하다. 창작은 고통이라는 말이 있지만, 글을 완성했을 때의 기분은 말로 표현하기 힘들다. 지금까지 왜 이런 삶을 살지 않았는지 후회될 지경이다. 오죽하면 오랫동안 묵혀두었던 땅에 건물을 지어 출판사, 서점, 북카페 등 책에 관한 사업을 차리고 싶어 하겠는가?

아버지가 책과 관련된 사업을 하게 된다면 돈벌이가 시원찮아도 괜찮다고 생각한다. 이제라도 행복한 일에 몰입하는 삶 그 자체만으로도 충분하다. 그곳에 아버지가 글을 쓰는 작업실을 만들고, 커피도 마시고, 손님들과 이야기도 나누면서 사람들과 어울리는 여생을 보내려고 한다. 아버지의 인생 2막을 아들딸도 진심으로 응원해주길 바란다.

부자아빠의 돈 공부

하고 싶은 분야라면, 자기계발을 통해 행복을 추구하라.

틈새가 보이면 도전해본다

투잡

딸아! 직장인이 되어 근로소득을 받는 '어른'이 된 것만으로도 무척 대견하구나.

하지만, 번 돈의 절반을 저축한다고 해도 종잣돈 수천만 원을 모으거나 일억 원을 모으는 데는 많은 시간이 걸릴 것이다.

이때 시간을 앞당기기 위해 진취적으로 생각하는 사람이 있다. 바로, 다른 소득을 얻는 길을 찾아내는 사람이다. SNS나 유튜브 활동, 책 쓰기 등 다른 직업을 겸해 일종의 사업소득을 벌 수 있다. 근로소득과 사업소득이 합쳐지면 내 집 마련, 전세 전환 등 자신이 목표로 세운 것을 달성하는 시간을 앞당길 수 있다.

부자아빠의 돈 공부

보도 섀퍼의 『열두 살에 부자가 된 키라』(을파소, 2001)라는 책 이야기를 해보자. 이 책에서 저자는 저축을 통해 벌어들인 이자를 '황금알을 낳는 거위'라고 표현했다. 2001년, 이 책이 국내에 번역되자 이 표현은 경제 분야를 넘어 사회 전반에 두루 쓰이는 표현이 되었다. 또한, 2003년에 번역된 『보도 섀퍼의 돈』(북플러스, 2003)이라는 책에 나오는 '경제적 자유'라는 표현도 인기를 끌었다.

하지만, 지금은 키라 시대가 아니다. 보도 섀퍼가 책에서 권하는 방식, 예를 들어 '주머니에 비상금으로 백만 원을 들고 다니고 가급적 사용하지 말라'는 방식은 구식이 되었다. 주머니에 현금을 들고 다니지 않아도 카드나 앱을 통해 결제하는 시대가 되었다.

자기 브랜드로 승부하는 시대

이제 온라인을 통한 사업화는 비즈니스 패러다임으로 자리잡았다. 온라인을 이용한 상품 판매, 원격교육, 원격 서비스가 대표적이다.

유튜브는 누구나 1인 방송이 가능한 개방형 시스템이다. 다

수의 사람에게 노출할 수 있는 좋은 수단이다. 자신의 브랜드를 만들고 영상을 올리거나 방송을 할 수 있다. 유튜브에는 셀수 없을 정도로 다양한 장르의 주제와 콘텐츠가 존재한다. 게임, 뷰티 및 패션, 요리, 여행, 교육, 엔터테인먼트 등 없는 것이 없다.

유튜브나 인스타그램 등 SNS에서 자기만의 브랜드를 만들어서 성공한 경우의 특징을 알아보자.

첫째, 차별성을 가져야 한다. 남들과 똑같이 하는 것은 경쟁력이 없다.

둘째, 신뢰가 있어야 한다. 대중에게 인정받아야 성공할 수 있다. 아버지도 유튜브 채널을 개설하여 몇 개의 영상을 올린적이 있다. 하지만 구독자 수가 너무 적어 대중화에 실패하고 말았다.

셋째, 소비자와의 연결성이다. 소비자의 마음을 움직이는 연결고리가 있어야 한다. 소비자에게 긍정적인 인상을 끌어내야 브랜드 고유의 가치를 오래 유지할 수 있다. 이게 사업의 성패를 좌우한다.

많은 톱스타들은 1인 매니지먼트사를 차려 자신을 산업화하는 데 성공했다. 특히 놀라운 사람은 '미스터 트롯'이라는 경연을 통해 우승한 임영웅의 사례다. 그는 걸어 다니는 산업이다. 2020년 도산 직전의 위기에 몰렸던 쌍용차의 모델이 되면서 회사를 다시 일으켜 세우는 데 결정적인 역할을 했다. 광고모델로서뿐만 아니라 콘서트에 수많은 사람이 열광한다. 고난을 딛고 인생 역전을 이룬 스토리는, 세계적인 아이돌그룹 BTS처럼 하나의 산업이 되었다.

뜬금없이 아버지가 책 이야기에 보태서 1인 미디어 얘기를 왜 꺼내는지 궁금할 거다. 아버지가 보기에 딸은 어떤 면에서 나와 많이 닮았다. 글을 써도 성공할 것 같고, 패션과 미용을 소재로 한 유튜브 방송을 만들어도 가능성이 있을 것 같다.

얼마 전에 딸이 살고 있는 오피스텔 전세보증금의 채권 확보 문제로 고생한 적이 있었다. 그때 딸이 임대인에게 보낸 '내용증명' 글을 보고 아버지는 깜짝 놀랐다. 글과 내용이 너무 완벽하다고 느꼈기 때문이다. 상황을 요약해서 쓴 글은 잘 정리된 보고서 같았다. 요약하는 힘, 키워드를 만드는 사람이 세상에 두각을 나타낼 시대가 다가오고 있다. AI 시대가 되면 이런 능력을 가진 사람이 차별성을 인정받게 되어 있다.

'N잡러'라는 말이 있다. 하지만 잘못하면, 오히려 역효과가 날 수 있다. 그래서 투잡 정도가 가장 합리적이라고 생각된다. 꼭 돈벌이로 직업을 두 개 가지라는 것이 아니라, 본업에 충실하면서 자기계발이든 다른 분야로의 도전이든 항상 열린 사고를 하라는 뜻이다.

물론, 딸의 선택이 제일 중요하다. 이미 회사에 다니면서 대학원에도 다니고 있다. 게다가 기술사 시험을 준비하고 있으니 몸도 피곤하고 시간도 부족한 상황일 거다. 다만, 전공 분야 말고도 딸의 재능을 펼칠 분야가 많다는 것을 알았으면 좋겠다는 마음이다. 투잡이나 자기계발을 하고 싶으면 언제라도 마음 가는 대로 해도 된다고 말하고 싶다.

아버지는 언제나 딸을 응원한다.

부자아빠의 돈 공부

1인 미디어 등 한 사람이 산업이 되는 시대다.

어떤 기회가
파도처럼 밀려올지 모른다

기회

여행의 묘미는 무엇일까?

추억을 쌓기도 하고 무엇이 되었든 새로운 것을 배운다는
점이다. 그리고 좋아하는 사람과 함께한 여행은 오랫동안 기
억된다. 패키지든 자유여행이든 여행은 모두 좋다.

아버지는 딸과 여행을 많이 다녔다. 미국, 캐나다는 물론 유
럽, 아시아, 호주 등 해외여행을 여러 번 다녀왔다. 딸은 대학
생 때 싱가포르에 교환학생을 다녀오기도 했다.

어릴 때부터 해외 문화를 접한 딸은 남다른 관점으로 세상
을 보는 눈을 가지게 되었다. 하지만, 정작 본인은 모를 수 있

다. 그래도 다른 나라에서의 인상적인 경험과 정보는 기억 필름이 되어 뇌에 저장되어 있다. 여행지에서의 경험은 평생 살면서 영향을 끼칠 것이다.

아버지가 딸과 유럽 여행을 갔던 2019년, 딸은 갓 사회에 진출한 새내기 직장인으로 L전자에서 연구원으로 근무하고 있었다. 당시, 딸은 스트레스가 심해 퇴사를 고민하고 있었다. 제품 개발 회의 때마다 창의적인 아이디어를 내야 한다는 것 때문에 스트레스가 심했다. 딸의 스트레스도 풀 겸, 둘이 여행을 갔다.

여행하는 동안 우리는 많은 얘기를 나누었다. 스트레스가 심하면 회사를 그만두어도 좋다, 다른 회사에 취직해도 좋고, 변리사를 준비해도 좋다, 시간에 쪼들리면 대학원을 그만두어도 괜찮다고 무조건 지지해주었다.

여행은 가치관을 형성하거나 자존감을 높이는 데도 효과가 있다. 또한, 개척하고 도전하는 용기를 갖게 한다. 여행의 효과는 돈으로 살 수 없는 가치가 있다.

2015년에는 우리 가족이 모두 보름 동안 유럽 여행을 갔다. 딸이 대학생, 아들이 재수생이던 시절이었다. 당시 우리는 프랑크푸르트 공항에 내린 뒤 흩어져서, 각자의 취향대로 유럽을 여행하기로 했다. 그리고 13일 뒤에 체코 프라하로 모여 이틀 동안 가족여행을 하고 돌아오는 일정이었다.

엄마와 딸은 독일과 프랑스로, 아들은 스위스, 이탈리아에서 13일 동안 여행했다. 아버지는 독일 시골 마을에서 민박하며 지친 심신을 정돈하는 시간을 가졌다. 아들은 스위스 베른에서 민박하며 아프리카 사람들 사이에서 잠들 때 무서웠다고 말했지만, 모험심이 있고 진취적인 성향답게 무사히 여행을 마쳤다.

패션, 말투, 미소로
나의 이미지를 끌어올린다

정장 스타일의 복장이 길거리에서 사라지고 있다. 캐주얼한 스타일이 대세다. 코로나 시기에 재택근무가 늘었고, 이 기간이 지나자 양복과 정장을 입던 오피스 종사자의 전형적인 모습이 사라졌다. 정장이나 트렌치코트, 구두를 벗고 청바지, 티셔츠 그리고 스니커즈를 신는 직장인이 늘었다.

요즘에는 옷을 잘 입어야 대접받는다고 생각하는 사람들이 많다. 외모와 패션이 중요한 경쟁력이라고 생각한다.

흔히, '사람을 겉모습으로 판단하지 말라'고 하지만 옷이나 액세서리로 사람을 평가하는 것이 세상 이치다. 하지만, 패션에 아예 관심이 없는 사람들도 있다. 옷 못 입는 사람을 가리켜 '공대 패션', '오타쿠 패션', '패션 테러리스트'라고 부르기도 한다.

외모와 패션 못지않게 중요한 것은 자신을 표현하는 말과 미소다. 자신을 긍정하는 마음이 가득한 사람은 부드러운 말씨와 미소를 지을 것이다. 다른 사람을 행복하게 만들 수 있는 사람은 자존감이 높은 사람이다. 자기가 가지고 있는 지식의 해설자가 아니라 고민이 있는 사람을 행복하게 만드는 상담자의 자세로 남을 대하는 것이 좋다. 그렇게 한다면 인기 있는 사람이 되고 중요한 사람이 될 것이다.

자신의 이미지를 잘 메이킹하는 사람이 돼라.

부자아빠의 돈 공부

여행을 다녀 안목을 넓혀라. 어떤 기회가 파도처럼 밀려올지 모른다. 또한, 스타일리시한 사람으로 자신을 이미지 메이킹하라.

안전자산과 투자자산을
어떻게 구성할 것인가?

안전자산

아버지가 생각하는 가장 안전한 자산은 '금'이다. 금은 투자수익률이 높지 않지만, 변동성이 가장 낮은 자산이다. 그래서 아버지는 자산을 현금성 자산, 안전자산, 투자자산, 배당자산, 무형자산으로 분류한다.

- 현금성 자산은 금, 예금, 채권, ETF 등으로 분류한다.
- 안전자산은 금, 달러 등 기축통화, 부동산이다.
- 투자자산은 주식, 펀드, 선물투자, 파생상품투자, 수익형 부동산에 투자한 자산을 말한다.

- 배당자산은 주식이 대표적이다.
- 마지막으로, 무형자산은 저작권 등 권리 수입, 콘텐츠 수입, 유통시스템 수입, 소프트웨어시스템 수입 등이다.

아버지가 몇 년 전 회사직원들 앞에서 강의할 때, 같은 기간 동안 크라이슬러의 A 차량과 소나타 차량의 가격 변화를 설명한 적이 있었다. 당시 달러보험이 출시되었는데 영업사원들이 달러가 왜 좋은지 설명해 달라고 해서 이해하기 쉽게 자동차 가격으로 비교했다.

지난 10년간 국산차 가격이 수입차 가격에 비해 1.5배 올랐다. 크라이슬러 차량 가격은 10년간 3만 달러에서 3만 5천 달러로 올랐지만, 소나타는 무려 2배가 넘는 가격으로 인상되었다. 단순한 비교지만, 달러 통화가치가 원화에 비해 안정적임을 설명하기에 썩 괜찮은 비유였다.

경제가 어떻게 돌아가는가? 달러의 흐름을 보라!

2008년, 금융위기 직후 미국 경제는 위축되기 시작했다. 중국

등의 저가 노동력에 제품경쟁력이 밀린 이유도 있었다. 하지만, 주택가격이 하락하고 모기지론 주택담보대출 부실이 심해진 서브 프라임의 여파가 주된 이유였다. 경기가 침체하자 미국은 오히려 달러를 더 찍어내면서 경기침체의 늪에서 빠져나올 수 있었다.

코로나로 인한 경기침체에도 미국은 달러를 마구 찍어대고 국채를 발행하는 양적완화를 단행했다. 자의인지 타의인지, 어려울 때마다 양적완화를 통해 자국 경제는 살리면서 다른 약소국에 경기침체를 떠넘기는 정책을 펴온 것이다. 코로나를 겪으며 마구 찍어낸 달러 때문에 인플레가 나타나게 되었고, 미국은 다시 다른 나라에 인플레를 떠넘기는 결과를 만들고 있다. 그래서 생긴 말이 '킹달러'라는 말이다. 달러가 곧 왕이라는 의미다.

2020년 4월 26일자 〈이데일리〉를 인용해본다.

(……) 미국은 강력한 달러 패권을 바탕으로 지금까지 우리나라 1년 예산(512조 원)의 여섯 배에 달하는 경기부양책을 쏟아냈다. (……) 반면, 개발도상국은 사정이 다르다. 돈을 마음껏 찍어내며 강력한 부양책을 예고하고 자국 경제에 대한 신뢰를 유지하는 선진국과 달리, 이들 국가는 돈을 찍어

낼수록 통화가치가 하락하는 구조다. 강력한 재정정책을 사용할 수 없으니, 코로나에 쓰러져 가는 경제에도 속수무책이다. (후략)

2023년 8월, 세계적인 신용평가기관인 영국기업 피치(Fitch)는 미국의 신용등급을 한 단계 내렸다. 기존 AAA에서 AA+로 하향한 것이다. 미국 정부는 즉각 반발했다. 바이든 행정부는 양적완화를 단행한 트럼프 정부 탓이라고 발표했다. 다른 신용평가사인 무디스와 S&P 또한 미국의 국가신용등급을 조정할 가능성이 커지고 있다. 무디스와 S&P가 미국 기업이라는 점을 고려할 수 있다지만, 정부가 압력을 행사하기는 어려울 것이다.

그렇다면 우리나라 원화는 어떨까? 침체한 경기를 부양하려면 몇 가지 방법이 있다. 국채를 발행하거나 금리를 낮추면 된다. 아니면, 중앙은행이 개입하여 시중에 돈을 풀어주어야 한다. 그런데 미국이 세계금리를 주도하기 때문에 우리만 금리를 낮출 수 없다. 우리나라의 국채는 세계시장에서 인기가 높은 편이 아니다. 물가가 오르는데 '불난 집에 기름 붓듯' 돈을 시중에 풀 수도 없다.

원화도 국제적으로 무시할 수 없는 화폐가 되었지만, 미국의 달러나 금보다 안전하지 않다. 그래서 아버지라면 현금성 자산을 달러예금이나 달러보험에 가입할 것이다. 모든 재산을 달러에 투자하라는 것은 아니다. 자신의 자산 포트폴리오에서 부동산, 주식 등 공격적인 투자자산을 제외한 안전자산을 어떤 비율로 가지고 있어야 할지 잘 판단해야 한다. (아버지라면 금, 달러, 원화의 순으로 안전자산을 보유할 것이다.)

사람들이 가난한 원인은 무엇일까? 어쩌면 교육이 부족하거나 기회가 부족했을 수 있다. 하지만, 가장 큰 이유는 '선택'을 잘못했기 때문일 것이다. 투자의 선택, 기회를 놓치는 결정, 그리고 부자처럼 생각하거나 멘토의 힘을 빌리지 않고 고집을 부리는 잘못된 선택을 해왔을 수 있다.

투자에서도 공자의 중용, 부처의 중도라는 관점을 받아들이는 것이 중요하다. 어느 한쪽으로 치우치지 않는 사람을 '중용을 지키는 사람'이라고 한다. 투자 결정을 할 때 중용을 지킨다면 합리적일 가능성이 높다. 일확천금을 노리거나, 단숨에 결과를 보려는 성급한 자세는 중용이 아니다. 남의 이익을 빼앗으려는 것도 옳지 못하다. 호화로운 저택과 고급차, 명품으로 치장하는 것도 중용이 아니다.

스스로 자기 소득을 통제하며, 정상적인 방법으로 투자를 해야 한다. 남이 자기 소득을 통제하도록 돈을 맡기고 관심을 갖지 않는 것은 좋은 방법이 아니다.

부자들의 라이프스타일을 배우고 자기 습관이 되게 하라. 종잣돈과 기존 자산이 부가가치를 더해 갈 수 있는 투자처를 찾아라. 자산가치가 배가된 자산이라면 과감히 매각하고 투자효율이 더 높은 투자처를 찾아야 한다. 그렇게 자신의 판단으로 투자하면서 가장 빠르게 부자가 되어야 한다.

부자아빠의 돈 공부

안전자산과 투자자산의 포트폴리오는 본인의 선택이다.
자신의 판단으로 바르게 투자하면서 빠르게 부자가 되어라.

슬기로운 금융생활로
금융지능을 높여라

금융상품

금융은 생활필수품이다. 현대 사회에서 은행 통장과 신용카드 (체크카드) 없이 생활하기는 어렵다.

요즘에는 은행 앱이나 네이버, 카카오 앱을 통해 자산, 대출, 가입한 보험, 소유 차량의 가치까지 웬만한 정보를 다 확인할 수 있다. 자신의 신용정보를 찾아보기 쉽다는 건, 반대로 생각하면 신용정보가 여러 곳에 노출되어 해킹 가능성이 크다고 볼 수도 있다.

아무튼 IT의 발달로 금융생활은 점점 더 편리해지고 있다. 은행에 방문하지 않아도 인터넷이나 모바일 애플리케이션을 통해 대부분 은행 업무를 볼 수 있다. 해외송금은 물론 대출도 모바일을 통해 실행할 수 있다. 신용평가가 필요한 사업자 대출까지 모바일로 가능하게 바뀌고 있다.

몇 년 전, 오픈뱅킹이라는 시스템이 나왔다. 주거래은행 오픈뱅킹 앱을 통해 다른 은행 통장에 들어있는 돈을 송금수수료 없이 자유자재로 송금할 수 있게 되었다. 금융이 점점 더 편리해지고 있다.

금융의 역할

돈을 모으기 위해선 금융에 대해 자세히 알아야 한다.

금융의 역할은 무엇일까?

첫째, 돈을 맡기고(예를 들어, 적금) 돈을 빌리는(대출) 기본기능이 있다. 은행은 고객이 맡긴 돈과 한국은행에서 빌린 자금을 다른 고객 대출에 활용한다.

둘째, 투자를 도와준다. 증권회사와 투자회사는 주식, 채권, 각종 펀드 상품을 판매한다. 이러한 간접투자 상품은 위탁 판매하는 은행을 통해서도 가입할 수 있다.

셋째, 위험관리 기능이다. 미래에 생길 수 있는 신체 및 재산 상의 손해에 대비하는 보험 상품에 가입할 수 있다.

넷째, 신용거래를 돕고 제반 결제 시스템을 편리하게 한다. 신용카드를 통해 상거래는 물론 각종 공과금, 보험료 등을 결제할 수 있다.

다섯째, 유동성을 관리할 수 있다. 어느 정도의 유동성은 즉시 찾을 수 있는 요구불예금에 보관하는 것이 좋다. 이런 현금성 자산도 이자가 높은 상품에 넣어 관리할 수 있다. MMF, MMDA, CMA 등 인출이 쉬우면서도 이율이 높은 상품이 있다.

금융을 이해하고, 제대로 활용하기

그럼, 금융을 왜 잘 이해해야 하는지 살펴보자.

첫째, 예산을 잘 관리할 수 있다.

소득보다 많은 지출은 파산으로 가는 지름길이다. 불필요한 비용을 줄이고 충동구매를 삼가야 한다.

둘째, 부채를 잘 관리할 수 있다.

빚은 자신이 감당할 수 있는 적정 수준 이내로 관리해야 한다. 대출을 받았다면 상환계획을 잘 세워야 한다. 돈이 생기면 이자가 높은 것부터 상환하는 것이 유리하다.

셋째, 금융 목표를 구체적으로 세울 수 있다.

교육자금, 결혼자금, 주택매입, 은퇴자금 등 대소사를 앞두고 차근차근 준비하는 습관을 들여야 한다. 아버지는 아들딸이 어렸을 때, 각자 통장(은행 MMF)을 만들어주고 모은 돈을 통장에 보관하거나 달러 예금 중에 선택하게 했다.

지금 생각해 보면 후회가 된다. 금으로 바꾸어 보관하게 했더라면 더 높은 이익을 거두었을 것이다. 투자 포트폴리오를 어떻게 짜느냐에 따라 수익률은 달라진다. 여기서 하고 싶은 말은 미리 대비하는 습관을 들인다는 면에서 금융을 아는 것이 중요하다는 말이다.

넷째, 투자를 다각화할 수 있다.

아버지의 자산 포트폴리오는 1(금융자산) : 9(부동산)의 구조다. 바람직한 구성은 아니지만, 아버지의 경우 주식과 펀드 투자를 하지 않기 때문에 왜곡된 포트폴리오가 나올 수밖에 없다. 4 : 6 또는 3 : 7이 적절할 것 같긴 하다.

아버지가 신혼 초기, 40대, 50대를 거치며 어떻게 자산 포트폴리오가 바뀌어 왔는지 예를 들어 말하면 이렇다.

신혼 초기에는 주식 투자에 전념했기 때문에 금융자산이 7, 나머지가 3이었다. 40대에는 주식 투자를 하지 않았지만, 저축성보험에 주로 투자해서 5 : 5 정도였다. 50대부터 부동산의 비중이 높아져 지금은 부동산이 9에 이르게 되었다.

자산 포트폴리오를 짤 때 자신의 현재 나이와 상황에 맞춰 유연하게 짜면 된다.

다섯째, 금융상품을 잘 이해해야 한다.

상품이 다양해서 전부 이해하기는 어렵다. 창구에서 상담하다 보면 금융사 직원이 권유하는 상품에 현혹되어 가입하기 쉽다. 자신의 판단이 아니라면 단지 권유한다고 해서 가입하면 안 된다.

은행이나 증권사에서 펀드 등을 판매하는 경우 판매수수료가 높은 상품에 가입하라고 유도할 가능성이 크다. 라임, 옵티 머스 펀드 사태처럼 사기세력이 결탁하는 경우도 있기 때문에 공신력 있는 금융기관을 이용하는 것이 좋다. 보험설계사와 면담하는 경우에도 판매수당이 높은 것을 권유할 가능성이 크므로 주의해야 한다.

상품의 장, 단점을 알아보고 자신에게 맞는 상품을 골라서 가입해야 한다. 요즘에는 이런 폐단을 해소하기 위해 보험에 가입할 때, 3개 이상의 보험사 상품 비교자료를 고객에게 제시하도록 법이 개정되었다.

여섯째, 금리, 인플레이션 등 경제 여건을 따져보고 결정해야 한다.

대출을 받을 때는 여러 금융기관의 이자를 알아보고 골라야 한다. 고정금리, 변동금리를 선택하는 것도 중요하다. 어떤 것이 유리한지 꼼꼼히 따져보아야 한다. 인플레 등으로 인하여 시중에 돈이 많이 풀렸는지 등 시장동향을 보는 것도 중요하다. 최신 정보, 금융정보 등 놓치면 후회할 수 있는 정보를 잘 알아야 손해를 피할 수 있다. 가능하면 경제신문을 읽거나 경제주간지를 보는 것이 좋다.

일곱째, 각종 지원 정책을 활용한다.

청년내일채움공제 같은 청년우대상품, 청약저축, 창업자금

지원제도, 생애최초주택자금대출 등 각종 지원제도와 장려상품을 파악해서 가입해야 한다.

금융이해도가 높다는 것은 금융지능이 높다는 것이며, 금융을 잘 활용할 수 있다는 말이다. 필요한 경우, 금융기관에서 상담을 받으면 금융을 이해하는 데 도움이 된다.

그러려면, 자기에게 맞는 금융기관을 정해서 한 군데를 집중적으로 거래하는 것이 좋다. 주거래 은행, 주거래 신용카드 회사를 선정해서 사용한다.

금융을 활용하는 방법은 학교에서 가르쳐주지 않는다. 성인이 되고 소득이 생기면 그제야 은행, 증권, 보험사와 거래를 시작하게 된다. 스마트한 금융 생활을 하려면 금융지능을 높여야 한다. 은행에 들렀을 때, 상품 팸플릿을 가져와 읽어보면서 공부해도 좋다. 블로그나 인터넷 카페를 통해 금융정보를 얻고 공유해도 좋다. 인공지능 시대가 되면 대면조직인 금융 점포가 없어질지도 모른다. 보험설계사가 중개하지 않고 보험사와 직접 거래하는 다이렉트 금융상품도 다양하게 나오고 있다.

부자가 되기 위해서는 세 개의 과정이 필요하다.

첫째, 돈을 잘 벌고(소득),

둘째, 돈을 아껴 써서 모으고(소비와 저축),

셋째, 모은 돈을 불리는(투자) 과정이다.

슬기로운 금융 생활을 하는 사람, 금융지능이 높은 사람이 되어라.

부자아빠의 돈 공부

돈을 잘 벌고(소득), 아껴 써서 모으고(소비와 저축), 모은 돈을 불리는 (투자) 과정을 거쳐야 부자가 된다.

사랑하는 딸아,
이 말만은 기억해다오.

버는 것보다 적게 쓰는 법을 안다면
현자의 돌을 가진 것과 같다.

If you know how to spend less
than you get, you have the
philosopher's stone.

벤자민 프랭클린Benjamin Franklin

돈이 열리는 나무에는
어떤 게 있을까?

엠제이 드마코는 『부의 추월차선』(토트, 2022)에서 돈이 열리는 나무를 만들라고 했다. '돈 나무'는 다섯 가지 시스템으로 분류된다.

첫째, 임대 시스템이다. 부동산이나 장비 임대, 로열티, 저작권료, 특허권 등이다.

둘째, 컴퓨터 시스템이다. 소프트웨어나 애플리케이션으로 인한 수입을 말한다.

셋째, 콘텐츠 시스템이다. 블로그나 SNS, 유튜브를 통한 수입이다.

넷째, 유통시스템이다. 홈쇼핑, 프랜차이즈, 온라인 유통사업 등이다.

다섯째, 인적자원 시스템이다. 인력파견업, 주차장 사업 등이 있다.

여기서, 콘텐츠를 활용해 돈을 벌려면 사람과 연결되는 스토리가 있어야 한다. 상대방이 관심을 가져야 한다. 아버지도 영화, 다큐멘터리를 보면서 통찰을 얻어 새로운 삶의 목표를 세운 적이 많다.

상품을 판매할 때, 스토리를 입혀서 매출을 올릴 수 있다면 큰 수익을 볼 수 있다. 드라마 주인공이 입었던 옷, 먹은 음식이 새로운 트렌드가 되는 경우가 많다. 상품, 패션 그리고 음식도 스토리를 갖추면 성공할 가능성이 커진다.

사업에서도 스토리를 통해 콘텐츠를 만들려면 남들과 차별점이 있어야 한다. 끌리는 스토리여야 한다. 품질, 맛도 중요하지만, 스토리를 만드는 것이 하나의 방법이다. 사람들은 스토리에 열광한다. 스토리 없이 설명하는 전달 방식을 답답하고 지루해한다. 사람들은 누군가 사실을 설명하는 데 외면하다가도 그 사실을 스토리로 들려주면 주목하게 된다.

스토리는 커뮤니케이션의 도구다. 리사 크론(Lisa Cron)의 『스토리만이 살길』(부키, 2022)이라는 책을 보면, 잘 만들어진 스토리를 들으면 즐거움을 느끼는 신경물질인 도파민이 분비된다고 한다. 그리고 주인공이 느끼는 불안감을 전달하는 코르티솔과 주인공의 안위를 걱정하는 옥시토신이 분비된다고 한다. 그래서 독자나 시청자들이 스토리에 공감하는 것이다.

스토리텔링은 제품의 브랜드 가치를 강화하고 고객과 감정적인 연결을 도와준다. 고객에게 감정적으로 호소해서 공감을 불러오고 브랜드의 신뢰를 얻을 수 있는 효과적인 마케팅전략이다.

광고 카피 하나로 스토리텔링에 성공한 경우도 많다. 과거에 모 카드사는 "부자 되세요!"라는 광고 카피에 사과를 든 연예인을 등장시켰다. 사람들은 사과와 부자와의 연관성에 자신만의 해석을 만들었다. 아버지 역시 이 광고를 보며 부자와 빨강색의 이미지가 자연스레 연결되는 느낌을 받았다.

빨강색 사과와 연관된 애플사 이야기도 예로 들어본다. 애플사는 아이폰을 출시할 때, 'A thousand songs in your pocket'이라는 카피를 사용했다. 천 곡의 노래를 주머니에 담는다는 문장은 사람들의 소비를 부추겼다. 나이키는 'Just do it'이라는 도전을 상징하는 광고 카피로 스토리텔링에 성공했다. 이 외에도 광고에서의 성공사례는 넘치도록 많다.

4차 산업혁명 시대가 성큼 다가왔다. 미래에 직업 대부분이 없어진다고 말한다. 법조인, 회계사, 프로그램 개발자, 기자, 작가까지 지식인 일자리가 AI로 대체될 것이라고 한다. 더이상 직업의 안전지대가 없다. 암기를 잘하는 사람이 지도자가 되던 세상은 사라질 것이다.

지금까지는 공부를 잘하는 사람과 그렇지 못한 사람으로 크게 구별되는 시대를 살아왔다. 암기를 잘하는 문과생이 법조인이 되고 엘리트 세력이 되었다. 수학을 잘하는 이과생이 의사가 되고 부자가 되었다. 단지 공부를 잘하는 사람이 그렇지 못한 사람보다 성공할 확률이 몇 배 높았다. 하지만, 이렇게 단순하게 구분 지어지는 시대는 서서히 막을 내릴 것이다.

4장

적극적인 재테크의 비밀 6가지

침착하지만 도전적인 아들을 위한 투자법

안전성을 챙기면서
큰 수익도 올리고 싶다면

적극적인 재테크

아들은 아버지처럼 조급한 성격이 아니다. 침착한 편이다. 아들은 현재 다니는 회사의 우리 사주를 보유하고 있다. 또한, 국내외 주식에 투자하는 것으로 짐작된다.

아버지도 사회초년생 때 작은 규모지만 주식에 투자했고, 공모주를 받으려고 증권사 지점을 들락거렸다. 당시, 아버지에게 월급은 매우 큰 돈이었다. 첫 월급을 받았을 때의 기쁨은 말로 표현하기 힘들다. 소중한 돈을 조금씩 늘려 주식 투자를 했다.

매번 투자에 성공한다는 것은 있을 수 없는 일이다. 전문 투자자들도 좌충우돌하고 성공과 실패를 거듭한다. 초보 투자자는 당연히 더 공부하고, 자기 스타일에 맞는 투자처와 방법을 찾아내야 한다.

아버지도 재테크를 하고 있지만, 최대한 아들이 어떤 투자를 하건 개입하지 않으려고 한다. 월급이 얼마인지? 어디에 쓰고, 투자하는지? 관여하지 않아도 아들 스스로 할 수 있을 거라 믿는다.

그럼에도 더 빨리 지름길로 가길 바라는 마음으로, 아들에게만 알려주고 싶은 투자 노하우가 있어서 정리해본다.

첫째, 공·경매 투자를 공부하면 좋겠다.

전문가가 운영하는 경매학원에 등록해 과정을 이수하면 된다. 이때, 경매학원을 잘 골라야 한다. 요즘은 온라인으로 강의하는 곳도 많으니, 직접 가서 듣지 않아도 된다. 경매를 배우면 권리관계와 점유 등 법적인 내용을 이해할 수 있다. 부동산과 관련해 다양한 정보, 지식을 얻을 수 있어서 평생 살아가는 데 많은 도움이 될 것이다. 종잣돈이 모이면 꼭 공·경매에 투자해보길 바란다.

둘째, 직접 임장을 다녀보라.

임장은 아버지와 함께 다녀도 좋겠다. 지역의 발전 가능성, 학군, 교통의 인프라를 분석하는 방법을 전수해주고 싶다. 도로계획을 알아보고 도시의 상권이 움직이는 메커니즘을 공부하면 수준 높은 임장과 투자를 할 수 있다. 계획도시인 신도시가 만들어지는 과정을 알면 부동산 투자를 하는 데 큰 도움이 된다.

셋째, 휴전선 접경지역 토지를 매입한다.

장기적인 투자 안목을 키워보라. 언젠가 다가올 통일시대를 대비하는 것도 좋다. 휴전선 접경지역의 땅에 투자해 놓고 오래 보유하라고 권하고 싶다. 앞에서 삼성전자나 워싱턴포스트의 주가를 이야기한 것처럼 언젠가 엄청난 수익이 날 수도 있다.

넷째, 국내 주식은 우량주를 장기간 보유한다.

신소재, 신기술 소유기업의 인기주는 등락이 커서 가급적이면 투자를 말리고 싶다. 인기는 시들게 마련이다. 도산 위험이 적은 KOSPI 200종목에 투자해서 장기간 보유하는 것이 좋을 것 같다. 매달 월급의 20%를 적금하듯이 우량기업 주식 한두 종목에 꾸준히 투자해본다.

다섯째, 해외 주식으로 중국과 일본에 투자하는 건 피해라.

만약, 중국이 G1이 되면 미국처럼 자기네 입맛대로 국제사회에서 큰 영향력을 발휘할 것이다. 지금의 킹 달러처럼 위안화의 가치를 높게 유지하려 할 것이다. 미국처럼 자기네 인플레를 약소국에 넘기려고 할지도 모른다. 아무튼 현재로서는 중국의 가능성에 투자하기에 위험요소가 많다.

그리고, 일본은 역동적이지 못하다. 어떤 분야는 1등의 자리마저 위협받고 있다. 일본보다는 역동적인 국내 주식에 투자하는 것이 더 낫다.

인도, 베트남, 인도네시아, 말레이시아 주식에 투자하는 것은 나쁘지 않다고 생각한다. 미래는 인구가 국력인 시대다. 인구가 많고 발전 속도가 빠른 개발도상국은 잠재력을 갖고 있다.

덧붙이자면, 부동산과 주식 투자의 포트폴리오를 7 : 3으로 하는 것이 좋겠다. 한국은 국토가 적고 부동산에 대한 애착이 강해서 여전히 부동산이 안정적이다.

토지는 부증성(不增性), 즉 물리적인 방법으로 토지의 양을 늘릴 수 없는 성질이 있다. 물가상승률만큼 화폐가치는 하락하게 마련이다. 물가상승률만큼 부동산 가격이 오를 수밖에 없는 이유다.

헤지 펀드는 대부분 대형 기관투자자가 참여한다. 반면 뮤추얼펀드는 개인투자자 수천 명이 참여한다. 이런 펀드상품에 투자해 전문가의 힘을 빌리는 것도 좋다. 하지만 선물투자 같은 파생상품과 코인투자를 한다면 도시락을 싸 가지고 다니면서 말릴 것이다.

이 모든 것은 금융 계통에 오래 종사하며 14년간 회사를 다니고, 22년간 사업을 해온 아버지의 경험에서 나온 조언이다.

아무리 적극적인 재테크라고 하더라도 첫 번째는 안전성이고, 두 번째가 수익 추구다. 투자경험이 아무리 많더라도 100% 성공하는 투자법은 없다. 많이 공부하고, 선배들의 조언을 통해 스스로 터득해나가길 바란다.

부자아빠의 돈 공부

부동산과 주식의 포트폴리오를 조율하는 게 중요하다.
공격적인 투자와 사행성 투자는 전혀 다른 길이다.

투자수익률을 계산하는
경제지능을 키워라

주식

주식 투자는 간접적이지만 사업을 하는 것과 같은 의미다.

우리나라의 경우, 산업 부문에서 재벌 문제와 가업승계 문제가 많다. 그래도 이런 재벌을 주시하는 똑똑한 국민 주주들이 늘고 있다. 게다가 여러 기업의 1대 주주로 국민연금이라는 거대 연기금 세력이 있다. 알고 보면 국민연금관리공단은 국민연금 가입자들이 월급을 주는 민영기업이나 마찬가지다. 국가 소유라고 볼 수 없다. 하지만 많은 사람이 공기업으로 인식하고 있다.

부자아빠의 돈 공부

재벌문제를 살펴보자. 당장, 재벌을 해체하라는 얘기가 아니다. 재벌도 경영 능력 검증시스템을 통과해야 경영에 참여할 수 있도록 제도를 만들면 좋을 것 같다. 고전파 경제학자 애덤 스미스Adam Smith는 경제를 '보이지 않는 손'이라고 했다. 점차 국민, 연기금 등 '보이지 않는 손'에 의해 재벌의 횡포를 견제하는 수준이 되어가고 있다.

주식 투자를 하려면, 투자 원리, 사업 구조, 재벌과 큰손인 연기금 등 자본주의가 만들어진 골격을 알고 시작해야 한다. 물론, 재무제표를 보는 실력도 갖추어야 한다.

KOSPI 200과 같은 우량주식에 대해 살펴보자.

KOSPI 200은 한국증권거래소(KRX)에 상장된 시가총액 상위 200개 기업을 일컫는 말이다. KOSPI 200 종목의 시가 변동은 한국증시 전반의 시장동향을 알려주는 지표다. 주식은 안전한 자산이 아니다. 시장 위험에 노출되어 있고 언제나 변동성이 존재한다. 언제나 보유한 주식에 대한 손실 가능성을 고려해야 한다.

KOSPI 200 종목에 투자해 성공한 사례는 많다. KOSPI 200 종목은 도산 우려가 거의 없는 우량한 종목이기 때문이다. 이런 종목에 투자하는 게 유리한 이유를 알아보자.

첫째, 장기투자가 가능한 종목이다.

우량한 회사이기 때문에 시장에서 인정받고 있다. 회사 자체 기구를 통해 변동성과 리스크를 회피하는 능력을 갖춘 기업이라고 보아도 된다.

둘째, 기업분석이 거의 필요없다.

이미 많은 정보가 노출되어 있어서, 투자자가 크게 노력을 기울이지 않아도 안전한 기업이 대부분이다.

셋째, 타이밍을 맞추는 위험이 적다.

작은 기업은 하루아침에 도산하거나 리스크에 직면하지만, KOSPI 200 종목은 많은 정보가 이미 공개되어 있어 그런 위험에 빠질 우려가 적다.

주식에 투자할 때 일반인에게 가장 위험한 것은 공매도 제도다. 공매도는 보유하지도 않은 특정 주식을 빌려서 하는 거래를 말한다. 일반인들은 상상도 할 수 없는 거래방식이다. 물론 공매도 외에 선물거래와 지수 펀드 거래도 위험하다. 일반 투자자들은 공매도 세력이 어디에 존재하는지도 모르고 당하는 경우가 많다.

공매도 제도의 가장 큰 문제점은 외국인과 기관에 주는 특혜다. 개인투자자에게 한 개의 무기를 준다면, 외국인과 기관 투자자에게 열 개의 무기를 주는 격이다. 개인투자자보다 열 배의 신용한도를 주고, 묻지 마 투자를 가능하게 만들면 안 된다. 지금의 제도에서 개인투자자들이 이들을 이겨내기는 힘들다. 정부의 각성과 제도 개선이 필요하다.

공매도의 문제점을 하나하나 알아보자.

첫째, 가격 조작이 가능하다. 공매도 세력이 뭉치면 시장의 움직임을 왜곡시키고 불안정한 상황을 만들 수 있다.

둘째, 공매도가 증가하면 해당 주식에 대한 매도 압력이 높아진다. 이는 주가 하락을 지속시키게 된다. 개미라고 부르는 개인투자자는 심리적으로 불안한 상태가 되고 매도 여부를 고심하게 된다.

셋째, 윤리적인 문제가 있다. 소유하지 않고도 해당 주식을 매매하는 것이므로 어떤 면에서는 사기와 비슷하다. 게다가 기업의 가치를 왜곡시켜 투자자들에게 혼란을 야기한다.

이런 문제점이 있지만, 공매도 제도는 주식 투자가 활성화 되고 기업이 운전자금을 동원하는 데 도움이 된다. 하지만, 아버지는 아무리 생각해도 공매도 제도는 장점보다 단점이 많다고 생각하고 있다. 정부 차원에서 주의를 기울여야 하는 분야다. 외국인 투자자와 기관투자자만 따 먹는 곶감이 되어서는 안 된다.

경우의 수를 생각해서 경제지능을 높이는 방법

주식과 은행예금 가입을 예로 들어 비교하면 좋을 것 같다.

투자자 A가 40년간 삼성전자 주식을 매입했다고 치자. 매월 100만 원을 40년간 저축에 불입하듯 투자했다.

총 투자액 : 100만 원 × 12개월 × 40년 = 4억 8천만 원

여기에 매달 납입하는 구조이므로 단순 계산하면, 과거 삼성전자 주가의 상승폭 400배의 평균값(1/2) 200배를 적용하여 960억 원이 된다. (향후 40년에도 이런 투자수익률이 나온다고 장담할 순 없으며, 과거 수익률을 적용한 단순 계산법임.)

반면, 투자자 B는 이 돈을 은행의 연 복리형 정기 저축에 가입했다고 해보자.

100만 원 × 12개월 × 40년 × 연이율 5%로 가정하면, 약 14억 8,900만 원이 된다.

원금은 4억 8천만 원이지만, 매월 가산되는 이자에도 5%씩 수익이 나기 때문이다. 이처럼 이자의 이자에 5%의 이자가 계속 가산되는 방식이 연 복리다.

자신이 선택한 투자법에 따라 미래의 부가 달라진다. 어떤 투자를 선택해야 후회를 덜할까? 현재 자신의 상황을 따져보고, 투자수익률을 계산할 줄 알아야 한다.

2023년 11월 25일자 〈이코노미스트〉에 홍콩 ELS(주가연계증권)를 최다 판매한 국민은행에 대해 금감원이 점검할 예정이라는 기사가 실렸다.

홍콩 H지수를 기초자산으로 한 ELS 판매액이 20조 5천억 원에 달한다고 한다. 이 중에서 8조 원이 넘는 상품을 국민은행이 판매했다. 홍콩 H지수는 2021년 초 대비 반토막이 난 상황이다. ELS는 기초자산으로 삼은 지수와 개별 종목의 주가와 연계되어 수익 구조가 결정되는 파생상품이다. 대형 금융기관이라고 무조건 믿으면 안 된다. 상품에 대한 이해가 부족한 사람은 신중하게 투자를 결정해야 한다.

주식과 부동산에 투자하는 것은 공격적인 투자법이다. 두려움이 생길 수 있다.

한편, 은행이자만 바라고 저축하는 것은 소극적인 투자법이다. 이자의 개념, 특히 연 복리의 원리를 알고 선택해야 한다.

투자수익률까지 계산해서 무엇이 자신에게 맞을지 스스로 경제지능을 높여나가야 한다.

부자아빠의 돈 공부

KOSPI 200 종목은 비교적 안전하다. 투자수익률을 계산하는 경제지능을 키워라.

소액으로 가능한 부동산 투자도 많다

소액 투자

아버지는 경매, 상가투자, 오피스텔 등 부동산에 투자 경험이 많다. 특히, 사람들이 어려워하는 재개발, 재건축 투자에 대한 노하우도 많다.

아들도 종잣돈을 마련해서 부동산 투자를 시작하면 좋겠다. 그때 아버지의 조언이 필요하다면 적극적으로 알려줄 것이다.

먼저, 종잣돈 1~5천만 원으로 할 수 있는 소액 부동산 투자를 알아보자.

경매 투자

경매는 혼자 하면 어렵고 같이하면 한결 쉬워진다. 경매는 열 번 입찰하면 아홉 번 패찰을 경험하기 마련이다. 패찰하고 돌아오는 길은 쓸쓸하다. 이때, 서로 힘을 북돋아줄 동료가 필요하다. 여러 번 경매에 참여하다 보면, 지칠 줄 모르는 끈기와 동료가 필요하다는 것을 알게 된다.

공·경매는 만 19세 이상 개인이든 법인이든 누구나 할 수 있다. 소액으로 투자할 물건이 전국에 산더미처럼 널려 있다.

경매는 일일이 해당 법원을 찾아다니며 입찰해야 한다. 하지만, 공매는 인터넷 애플리케이션으로 쉽게 할 수 있다.

경매에서 권리분석을 하려면 등기부등본을 볼 줄 알아야 한다. 토지의 경우 토지이용계획 확인원이나 지적도도 살펴야 한다. 말소기준권리가 무엇인지 알아야 하고 임차인의 권리를 알아야 한다. 주택임대차보호법도 알아야 한다.

처음이라 복잡하고 어려워 보이는가? 법원 경매정보나 네이버 경매 같은 무료사이트를 보면 어느 정도 내용을 알 수 있을 것이다. 지지옥션, 굿옥션, 스피드옥션 등 유료사이트도 많다. 권리분석한 내용을 확인하고 물건을 고르면 된다.

초보자는 법정지상권, 유치권, 지분경매 같이 제3자와 얽힌 어려운 물건은 안 하면 된다. 책으로 공부하기 어렵다면, 학원에 다니거나 유튜브 강의를 듣는 것이 좋다. 사례를 보면서 리스크를 회피하는 방법을 익혀라.

어떤 의미에서 공·경매에서 낙찰을 받는 것은 무척 쉽다. 다른 사람보다 입찰가만 높게 쓰면 된다. 하지만 매매로 살 수 있는 가격에 낙찰을 받는다면 굳이 경매를 활용할 이유가 없다. 분석하는 수고로움과 발품을 팔아서 시가보다 싸게 사는 것이 경매가 매력적인 이유다.

공·경매로 낙찰 받으면 대출을 이용하기 쉽다는 장점도 있다. 1주택이나 상업용 부동산의 경우 감정가의 70%, 낙찰가의 80% 중 낮은 금액까지 대출이 되고, 2주택이면 감정가의 60%, 낙찰가의 80% 기준이 적용된다.

아버지 역시 공매를 통해 몇 개의 부동산을 취득했다. 서울 종로구 부암동 토지, 경기도 가평 임야, 강원도 원주 자연녹지 등. 한국자산관리공사의 '스마트 온비드' 앱을 통해 낙찰을 받았다. 경매 입찰에 직접 참여하기도 했다. 20년 전, 서울 서대문구 응암동과 강서구 화곡동의 반지하 빌라 몇 채를 입찰한 경험이 있다. 하지만, 헐값에 낙찰을 받으려는 욕심에 결국 놓치고 말았다. 물건을 따져보고 고르는 과정은 재미가 있지만, 패찰하고 돌아오는 길은 허탈했다. 본업이 아니고, 사는데 바쁘다 보니 경매에 대한 열정이 식고 말았다.

2015년에도 강원도 원주에 있는 창고 경매에 참여했으나 낙찰을 받지 못했다. 당시 무역회사를 운영하며 캐나다에서 수입한 잼과 중국산 그릇을 보관할 창고가 필요했다.

2018년에는 남양주시 오남읍에 있는 아파트에도 입찰했다. 84제곱미터, 1층 아파트였다. 이 물건은 2백만 원 차이로 패찰했다. 2억 원 미만에 살 수 있었고 새로 도배해 전세를 놓으면 갭 투자금 천만 원으로 소유권이전 등기까지 가능한 물건이었다. 지금 시세는 3억 5천만 원쯤이다.

2022년에도 경매에 세 번 참여했다. 경매학원 회원들과 함께 참여한 제주의 오피스텔 2채, 회사 동료와 함께한 부산 서면의 오피스텔 3채, 평택의 숙박시설(오피스텔로 사용) 3채다. 모두 낙찰 받지는 못했다. 결국 열 번이 넘는 경매에 도전했지만 한 건도 낙찰 받지 못했다. 공매로 토지 세 건을 취득한 것이 전부다. 더 열정적으로 하려면 공부와 끈기가 필요한 것 같다.

오피스텔 투자

공·경매와 함께 소액으로 투자할 수 있는 대표적인 투자가 오피스텔 투자다. 오피스텔은 상업용 부동산이므로 은행이 LTV(담보인정비율)를 적용할 때 유리하다. 대출(레버리지)을 이용하기 쉽다는 말이다.

오피스텔 투자는 다음과 같은 점에 유의해야 한다.

첫째, 주거용인지 업무용인지 구별해야 한다.

업무용은 전입이 안 되고 사업자등록을 내야 한다. 주거용은 주택 수에 포함되어 청약이나 다주택자 세금 등 불이익을 받을 수 있다. 전매가 가능한지도 꼼꼼하게 따져본다. 임대사업자를 내는 것도 실익을 따져보아야 한다.

둘째, 오래된 오피스텔은 사지 않는 것이 좋다.

오피스텔 수명은 통상 20년으로 본다. 10~15년이 될 때 매도하고 15년이 넘은 물건은 매입하지 말아야 한다.

셋째, 원룸은 이미 너무 많다.

원룸보다 희소성 있는 1.5룸 이상(투 룸, 쓰리 룸) 오피스텔에 투자해야 수익이 날 가능성이 높다. 아버지는 30제곱미터 이상 물건을 검색한다.

넷째, 가급적 택지개발지구 또는 대단지 아파트 내에 위치한 물건을 사야 된다.

역세권 입지를 갖춘 오피스텔도 좋다.

다섯째, 내부 구조가 아파트 평면처럼 생긴 것이 좋다.

2 Bay 구조에 햇볕이 잘 드는지 채광을 살펴야 한다.

오피스텔 투자는 소액으로 하기 좋다.

레버리지를 이용해 시세차익형으로 보유하다 팔 것인지, 수익형 부동산으로 따박따박 월세를 받는 임대수익을 꾀할 것인지 분명히 정하고 투자해야 한다. 적은 돈으로 오피스텔 투자를 시작해서, 목돈을 모아 아파트로 갈아타는 것도 좋은 방법이다.

하나금융경영연구소에서 매년 발간하는 2023년 〈대한민국 부자보고서〉에 따르면 부자 10명 중 2~3명 정도만 스스로를 부자라고 생각한다고 한다. 부자의 자산 기준을 100억 원으로 생각하는 비율이 46%, 300억 원 이상이라고 생각하는 비율이 10% 정도였다. 부자의 기준은 사람마다 다르다는 의미다.

또한, 우리나라 부자는 보유한 자산의 절반 이상이 부동산이며, 이는 해외 부자의 부동산 비중 15%와 비교할 때 세 배 이상 높다. 한국인이 아파트를 소유하려고 하는 것은 본능이라고 생각한다.

2023년 10월 16일자 〈이코노미스트〉 기사를 보면, 호주 애들레이드 대학과 에식스대학의 연구 결과가 나온다. '집이 없으면 빨리 늙는다'는 내용이다. 주거불안이 흡연이나 비만보다 생물학적 노화를 앞당긴다는 재미있는 보도다. 또한, 이사를 자주 다녀도 노화가 앞당겨진다고 말한다. 원하지 않는 이사를 하는 경우 연간 3.3일 빠르게 늙는 것으로 조사되었다.

이 기사 때문이 아니더라도, 빨리 내 집 마련을 하면 자산을 이루는 바탕이 된다.

아버지가 지금껏 경험하고 공부한 바로는 '결국, 부동산은 다시 오를 것'이다. 최소한 이미 오른 물가상승률만큼은 부동산값이 오를 여지가 충분히 있다. 그러니, 내일을 준비해야 한다.

부자아빠의 돈 공부

소액으로 가능한 부동산 투자도 많다.
경기, 금리 그리고 물가를 주목하라.

꾸준한 부동산 공부로 좋은 물건 찾기

재개발, 재건축

아버지는 2017년부터 재개발, 재건축 투자에 나섰다.

당시에는 절박한 이유가 있었다. 사업을 하면서 큰 사기를 당한 것이다. 수십 명을 잘못 스카우트하여 초기 지원금으로 준 돈을 잃어버렸다. 그 돈의 규모가 수십억에 달했다. 한동안 아버지는 우울한 나날을 보냈다. 주변에 사기꾼이 꼬여들어 그동안 모은 돈을 빼앗길지도 모른다는 공포심도 생겼다.

그러자 엄마가 강한 모습을 보였다. 엄마는 재산을 지키고 불리겠다는 생각으로, 주말마다 부동산 강의를 들으러 다녔다. 그렇게 엄마가 적극적인 투자에 나섰고, 큰 투자수익을 낼 수 있었다.

이에 아버지는 자신감을 얻었고, 공매를 통해 서울 종로구 부암동에 있는 토지를 낙찰 받으면서 부동산 자산이 급격하게 증가했다. 세 곳의 재개발 아파트에 투자한 것도 커다란 행운이었다.

재개발, 재건축 투자

재개발, 재건축 투자에 대해 자세히 알아보자.

새 아파트는 부동산의 변함없는 테마다. 신축아파트의 인기는 웬만해선 식지 않는다. 부동산 경기가 하락장이라도 재개발과 재건축은 살아남는다.

재개발, 재건축 투자 시 반드시 고려해야 할 것이 있다.

첫째, 입주까지 얼마의 시간이 걸릴 것인지 파악해야 한다.

재개발의 경우 10~15년, 재건축도 빨라야 5년으로 보통 10년이 걸리는 대장정이다. 철거와 건축 과정을 거치는 동안 투자금이 묶인다. 조합원들과 조합 측의 끊이지 않는 다툼을 견뎌낼 인내심도 필요하다.

둘째, 수익성이 있는 지역인가 분석해야 한다.

잠실주공, 개포주공, 반포주공, 고덕주공, 가락시영 등 성공적으로 재건축을 마친 지역이 있다. 하지만 둔촌주공처럼 건축 과정에서 여러 변수로 인해 곤욕을 치르는 단지도 있다. 주민동의를 얻지 못하거나 사업성이 떨어져 재개발이 무산되는 경우도 있다는 점을 감안해야 한다.

재개발, 재건축 투자에서 참고하면 좋은 점도 살펴보자.

첫째, 용적률이 낮은 지역을 노려야 한다.

1기 신도시 중 일산과 분당은 용적률 200% 이하라 사업 여건이 좋다. 하지만 평촌, 산본, 중동은 용적률 200%가 넘는다. 재개발의 경우에는 비례율을 유의해야 한다.

둘째, 일반분양 세대수가 많고, 높은 가격에 분양할 수 있는 지역을 택해야 조합원 분양가가 내려간다.

셋째, 용적률 상향이 가능한 지역을 골라야 한다.

용적률에 따른 필요 대지지분은 다음과 같다. 59제곱미터의 경우에 용적률 250%라면 9.75평이 필요하고, 용적률

300%라면 7.25평이 필요하다. 84제곱미터의 경우에 용적률 250%라면 13.25평, 300%라면 10.75평이 필요하다.

대지지분이 높은 단지일수록 개발이익이 늘어나고 사업성이 좋아진다.

넷째, 가격이 저점일 때 잡아야 한다.

사업시행인가가 났거나 관리처분인가가 갓 나온 지역을 권한다. 안전진단 통과나 조합원 동의를 받고 건축추진을 발표할 때는 물론이고 조합설립인가, 사업시행인가, 관리처분인가 등 각 단계마다 값이 계속 오른다.

다섯째, 재건축이나 재개발로 인해 새롭게 세팅될 지역을 주목한다.

개포동과 반포 일대, 고덕동 주변, 청량리역 부근, 아현동이나 장위, 휘경동 같은 뉴타운 지역의 경우를 복기해보면 좋다. 목동주공 재건축 얘기가 나오고 있다. 목동 일대가 재건축으로 리셋 된다면 새로운 랜드마크로 거듭날 것이다. 부동산 시장이 하락장에 있다고 해도 새 아파트가 들어서는 재개발, 재건축은 호재 중의 호재다.

투자에 정해진 길은 없다. 관심을 갖고 공부해야 어느 순간부터 지혜가 생기고 고수익을 내는 투자의 길이 보이기 시작할 것이다. 꾸준히 투자 공부를 해야 하는 이유다.

재개발, 재건축 투자가 어렵다고 생각하는 사람이 많다. 어려운 용어가 있지만 알고 보면 별 것 아니다. 하지만, 투자금이 오랜 기간 묶인다는 점은 꼭 감안해야 한다. 사업 진행 중에 변수가 많아 지연되는 경우가 많기 때문에 기다릴 각오를 하고 뛰어들어야 한다. 재개발, 재건축 투자는 번듯한 새 아파트를 얻는 과정이다. 다 지은 아파트를 사는 것보다 저렴하게 살 수 있고 높은 수익을 볼 수 있는 기회다.

최근에 부동산 경기가 안 좋다 보니 재개발, 재건축 프리미엄 가격이 20% 이상 하락했다. 1만 2천 세대로 국내 최대 단지인 둔촌주공 재건축아파트는 건축비 상승으로 시공사와 조합 간에 다툼이 생겼다. 공정률 52%에서 공사가 중단되어 진통을 겪다가 공사가 재개되었다.

결국, 조합원 1인당 1~2억 원씩의 추가 분담금 증액이 불가피해졌다. 마지막에 프리미엄 주고 조합원이 된 사람은 손해가 날 수도 있다. 이런 상황이 되지 않으려면, 최대한 변수를 감안해서 신중하게 투자하는 안목을 길러야 한다.

부자아빠의 돈 공부

국토부가 고시한 2023년 기준단가를 보면 2022년 대비 철근이 22%, 시멘트가 32%, 인건비가 20%가 올랐다.

부동산 경기가 좋지 않으니 P도 내려갔다. 청약 열풍은 식었고, 공급이 예정되어 있는 아파트는 많다. 건축비가 올라가면 건설사의 마진이 줄고 새로 짓는 아파트 분양가는 올라간다. PF(Project Financing)대출 자금줄이 막힌 건설사 도산이 예상된다는 뉴스도 흘러나오고 있다. 금리가 천정부지로 오르니 대출을 이용한 투자자, 특히 영끌족의 시름이 깊다. 견디다 못한 급매물이 나온다. 현재 부동산 시장의 미래는 안개 속이다.

이런 시기일수록 더욱 부동산 공부를 해두어야 기회가 왔을 때 포착할 수 있다.

부자아빠의 돈 공부

재개발, 재건축 투자는 오래 걸리지만, 싸게 살 기회다.

적극적인 투자의 꼴, 레버리지

레버리지

타인의 자본을 이용해 자기자본의 이익을 높이는 것을 '레버리지'라고 한다. 레버리지를 활용해 확대와 성장을 꾀하는 것은 능동적인 투자방법이다. 적은 힘으로 큰 힘을 낼 수 있게 해주는 지레효과, 즉 레버리지를 적극 활용해야 한다.

레버리지에는 두 가지가 있다. 바로 똑똑한 빚과 어리석은 빚이다.

더 큰 이익을 내기 위해 잠시 빚을 내는 건 '똑똑한 빚'이다. 기회비용을 따져보고 빚을 낼 수 있다.

반면, 마이너스 통장에 남아 있는 빚이나 마이너스가 나는 라이프 사이클에 휘말려 있다면 '어리석은 빚'이다. 과소비를 한다거나, 명품을 사기 위해 일단 쓰고 보자는 지름신을 지르고 허덕이는 빚을 일컫는다.

아버지는 어려서부터 저축은 좋은 것이고 빚은 좋지 않다고 배웠다. 빚은 빨리 갚아야 좋은 것이라는 말을 들으며 자랐다. 고등학교 1학년 때 할아버지가 사업으로 파산하고 화병으로 돌아가셨다. 남아 있던 재산 전부를 내놓고 빚잔치를 했다. 할아버지가 남긴 빚을 형제들끼리 갚으면서 부채를 혐오하게 되었다.

이런 사연이 있었기에 아버지는 사업을 하면서 15년간 무차입 경영을 했다. 빚 때문에 할아버지처럼 사업에서 실패할까 두려웠기 때문이었다.

하지만, 레버리지란 남의 돈과 시간을 통해 부를 쌓는 슬기로운 방법이다. 은행 대출을 활용하는 것은 일반적인 투자법으로 합법적이다. 그래서 사람들은 더 많은 부를 쌓기 위해 도전하면서 살아간다.

어떤 사람은 부자를 시기한다. 부모로부터 재산을 물려받았거나 편법을 써서 돈을 모았다고 부정적으로 말한다.

어떤 사람은 레버리지를 활용해 성큼성큼 부자가 된다. 남

(은행)의 돈을 빌려 리스크를 안았지만, 지불해야 하는 이자보다 수익이 크면 결과적으로 부가 쌓인다.

또, 어떤 사람은 다른 사람의 노동력을 빌려 더 큰 수익을 낸다. 남의 시간을 활용해 내 시간을 아낄 수 있다면 기꺼이 비용을 지불한다. 남의 지식을 활용해 성공할 수 있다면 그렇게 한다.

이처럼 누군가가 부자를 시기하는 동안, 누군가는 레버리지를 활용해서 부자가 되고 있다.

레버리지를 활용해 부를 늘려가는 방법

실리콘밸리에는 많은 스타트업이 있다. 그들 중엔 크라우드 펀딩을 받아 대박의 꿈을 꾸는 엔지니어들이 많다. 혁신적인 기술에 펀딩 투자를 받고 세상에 선보여서 유니콘 기업이 된 사례도 많다. 펀딩을 받는 것도 사업의 레버리지다. 일단 상장만 하면 경영진과 IT 개발자들은 수천억 원대의 부자가 될 수 있다. 우리나라에도 스타트업에 유리한 정책자금 제도가 많다. 기회가 된다면 최대한 활용해야 한다. 레버리지의 장점을 잘 활용하길 바란다.

부자아빠의 돈 공부

많은 사람이 부동산을 살 때 은행 대출을 이용한다. 이때, 돈을 빌려주는 은행의 마음을 알아야 한다. 은행은 알고 있다. 사람들이 생각보다 큰 대출을 감당할 능력이 있다는 것을. 은행은 이미 고객의 금융거래 정보(신용점수와 변제능력, 다른 은행의 채무까지) 대부분을 알고 있다.

하지만 정부의 규제로 한도가 정해진다. 정부는 대출을 규제하여 집값의 폭등과 폭락을 막는 정책 수단으로 활용하고 있다. 그런데 실제로, 우리나라 가계대출 문제는 생각보다 심각하지 않다. 이유를 살펴보자.

첫째, 담보 비율이 높지 않다. LTV, DSR의 비율을 정부가 정하고 통제한다. 부동산은 움직일 수 없는 자산이다. 은행 입장에서 이것보다 확실한 담보가 없다.

둘째, 연체율이 세계 최저 수준이다. 2008년 금융위기 당시 미국 모기지 주택담보대출 연체율은 13%에 달했다. 2020년 미국의 연체율은 2.75%로 낮아졌다. 우리나라의 가계대출 연체율은 2023년 6월 기준으로 0.33%이다. 미국의 1/8도 되지 않는다.

코로나 이후 인플레를 겪으며 이자부담이 커졌다. 미국발 인플레가 우리나라에도 큰 영향을 끼치고 있다. 그 사이 한국은행 기준금리가 2% 올랐다. 1.5%에서 2023년 12월 기준 3.5%가 되었다. 기준금리가 2% 올랐으니 대출이율도 2%가 오른다고 생각하면 큰 오산이다. 은행은 3~4%, 신협과 새마을금고 등 2금융권은 4~5% 그리고 캐피탈이나 저축은행 등 저신용자와 거래하는 금융기관은 5~10%를 올린다.

이참에 금융기관은 영업이익을 배가시킨다. 은행은 연체자가 증가할 것이라는 명분하에 모든 책임을 대출 고객에게 떠넘기는 것이다. 게다가 러시앤캐시 등 사금융에 가까운 금융기관은 아예 대출을 막아버린다. 돈이 급한 빈곤층은 불법 사채업자에게 찾아갈 수밖에 없다. 결국 부자와 가난한 사람 사이에 나타나는 양극화는 더 심해진다.

성공을 주제로 다룬 책을 보면 "꿈을 가져라", "간절히 원해라", "성공 이미지를 그려라"라는 내용이 많다. 꿈은 품기만 한다고 이루어지지 않는다. 꿈을 실현하는 과정은 멋진 여정이다. 10년 내 10억 원을 벌겠다고 목표를 세웠다면, 종잣돈으로 1천만 원을 모으는 것부터 시작해야 한다. 처음부터 10억 원이 손에 있는 것처럼 행동해서는 안 된다. 10억 원을 만들어 가는 과정이 고단하고 지루하겠지만 그 과정에서 땀 흘리는 기쁨이 생긴다.

종잣돈 만들기에 성공했다면 1년, 3년, 5년 이런 식으로 작게 쪼개서 목표를 세운다. 실현이 가능한 목표여야 하고 조금 높게 잡는 것이 좋다. 단기 목표에 미달하더라도 다음 목표를 세울 때는 조금 높게 잡는다. 그래야 더 노력할 수 있다.

아버지는 일주일 단위로 목표를 세운다. 요즘엔 글을 쓰면서 이번 주에 얼마만큼의 원고를 쓸지 계획한다. 혹시 미달했더라도, 바쁜 일정이 없는 한 다음 주 목표를 더 진취적으로 세우려고 노력한다.

부자아빠의 돈 공부

성장을 위해 은행 대출을 활용하는 것은 능동적이고 슬기로운 방법이다.

때가 되면 꼭 사업에 도전하라

창업

 직장인이 투잡을 가지면 근로소득 외에 사업소득을 벌어들일 수 있다. 또한, 훗날 새로운 사업을 시작하는 발판이 될 수도 있다.

 젊은 사람들은 영상 편집, 웹디자인 등 컴퓨터를 다루는 데 능숙하기 때문에 1인 미디어인 유튜브나 SNS 플랫폼을 만들기 쉽다. 유튜브나 SNS를 통해 사업소득을 벌기로 마음먹었다면 일단 시작하라고 권하고 싶다. 조금씩 사업소득이 늘어난다면 돈의 통로를 만드는 것이다.

 아버지도 전자책을 100권 정도 써서 사업소득을 벌고자 기획했던 적이 있다. 전자책은 소재나 테마를 디테일하게 다루는 경우가 많기 때문에 콘셉트만 잘 잡으면 2주일에 한 권을 쓸 수 있겠다고 생각했다.

책마다 한 달에 10권이 팔리고 권당 인세 수입이 5천 원이라면 **5천 원 × 판매부수 10권 × 출간 종수 100종 = 5백만 원**이라는 월수입이 꾸준히 생길 거라고 생각했다. 결국에는 쓰고 싶은 소설이 아닌 전자책을 양산하는 게 맞는지 판단이 서지 않아 포기했다.

이처럼 콘텐츠를 통해 시스템을 만들고 이익을 얻는 메커니즘을 만들기 위해서는 다음과 같은 사고의 유연성이 필요하다.

첫째, 아무도 하지 않는 일에 뛰어든다.

처음 하는 것이어야 크게 성공할 수 있다. 인터넷 비즈니스는 선행자가 유리하고 과단성과 실행력이 필요하다.

둘째, 인터넷 판매를 염두에 둔다.

셀럽의 세계, 인터넷쇼핑 시스템, 유통체계, 재고와 반품 관리까지 치밀한 분석이 필요하다. 거래 과정 전반에서 발생할 수 있는 리스크를 대비해야 한다. 인터넷 판매시장은 경쟁이 치열하기 때문에 남이 하는 대로 따라 하면 실패할 가능성이 크다. 자기만의 독창성으로 노하우를 쌓아가야 한다.

셋째, 사람의 심리, 감정과 연관된 사업을 구상해본다.

지금은 물질이 넘쳐나는 시대다. 좋은 물건을 소유해서 행복감을 느끼는 일에 익숙해졌지만, 행복감이 오래가지 않는다. 이런 시대에 사람들의 지친 마음을 달래주고 감성을 터치하는 사업을 한다면 대박이 날 거다. 예를 들어, 지친 사람들에게 좋은 문장이 들어있는 책을 읽어주거나, 간단한 AI 상담, 힐링이 되는 음악을 틀어주는 일이다. 돈, 연애, 성공, 콤플렉스 극복, 스토리텔링, 변화 등 사람들이 다루고 싶어 하는 테마를 잘 골라서 접근해야 한다.

유튜브를 하려면 약간의 장비를 구입해야 한다. 카메라(휴대폰으로도 가능)와 삼각대 등 영상장비, 녹음기, 마이크, 조명 등을 구입하고, 영상을 녹화할 조용한 공간도 필요하다.

블로그나 인스타그램을 통해 사업소득을 얻는 방법도 있다. 구독자가 모일 때까지 견디지 못하고 중도에 포기할 수도 있다. 하지만, 일단 하기로 마음먹었다면 최소 1~2년은 꾸준히 해보는 것이 좋다. 릴스, 쇼츠 등 영상 트렌드도 잘 파악해둔다.

당장 사업을 시작할 돈이 없는 사람이라면 본인이 좋아하는 콘텐츠를 골라 1인 사업을 하는 것이 의미 있는 경험이다. 이때 자기가 만든 콘텐츠를 구입하거나 구독할 고객층을 찾아내야 한다. 그리고 매출 동향과 콘텐츠별 수입을 계량화할 수 있어야 한다. 새로운 고객을 만들어 낼 홍보방안도 준비한다.

무자본으로 큰돈을 벌 수 있다며 현혹하는 허위광고가 있다. 대부분 사기이거나 부정한 방법을 사용하는 경우가 많다. 그렇게 쉽게 일확천금을 버는 사업이라면 굳이 광고를 할 필요도 없지 않을까? 꼼꼼하게 살펴야 한다. 1년에 10억을 번다는 등 자극적인 광고를 일삼는 사업은 범죄 집단일 가능성이 높다. 속는 사람들이 있는 한 사기꾼이 계속 존재할 것이다.

그리고, 아들아! 아버지는 가상화폐를 신뢰하지 않는다. 아직 코인은 화폐의 기능을 제대로 못하기 때문이다. 블록체인 기술을 활용한 NFT도 믿지 않는다.

특히, 다단계를 이용한 네트워크에는 들어가면 안 된다. 도매와 소매라는 중간 유통망 수익을 각 단계의 사람들이 나누는 방식이다. 돈 욕심에 사로잡혀 인간관계가 망가질 수 있다. 누군가가 큰돈을 벌 수 있다며 강의를 들으러 가지고 유인해도 따라 가면 안 된다. 강의를 들으면 쉬워 보이고 될 것 같다는 착각이 든다. 하지만 누군가가 입은 손해만큼 피라미드 상위조직 누군가는 돈을 번다는 점을 명심해야 한다.

평범한 직장생활의 힘

사회초년생으로서 중요한 것은 최소 10년간 직장생활을 하라는 것이다. 적어도 10년 정도는 세상 공부를 하고 경제 흐름을 배워야 한다.

아들은 회사에 들어가 마케팅부서에서 일하고 있다. 게다가 일 년에 몇 차례씩 폴란드 공장과 독일에 있는 바이어 회사에 출장을 다닌다. 다른 사람보다 넓게 세상을 배울 수 있는 기회가 될 것이다.

10년 후 사업을 하고 싶다면, 아버지가 적극적으로 밀어줄 생각이다. 22년 사업을 해온 경험을 알려주는 것은 당연하다. 그 전에 두 번의 증여 기회가 온다. 현행법 기준으로 결혼을 할 때 1억 원과 10년마다 5천만 원을 세금 없이 증여할 수 있다. 증여세를 아낄 수 있는 공제한도에 맞게 증여하는 것이 좋을 것 같다.

직장생활을 그만두고 사업을 시작하려면 경제공부를 게을

리해선 안 된다. 인맥 관리와 경청하는 자세, 언행일치 등 경영자가 갖추어야 할 덕목이 많다. 사업을 하려면 지향하는 방향을 보고, 정보를 귀담아들으며 관심을 가져야 한다. 그러면서 호시탐탐 기회를 엿보아야 한다.

문젯거리를 보면 장애물만 보이고, 기회를 보며 집중하는 사람에게는 기회가 보인다. 이미 그 분야에서 성공한 사람들을 감탄하고 축복하라. 그러면 성공한 사람들의 에너지가 아들에게 되돌아올 것이다. 이것이 우주의 법칙이자 원리다.

부자아빠의 돈 공부

1인 사업이라면 지금,
큰 사업이라면 최소한 회사를 10년 다니고 도전하라.

당당한 세테크,
증여의 기술

부자가 되면 증여를 잘하는 게 큰 관심사다.

큰 부자가 아니더라도, 물려주는 게 아니라 받는 입장이더라도, 언젠가 필요한 순간이 올 테니 미리미리 알아둔다면 좋은 재테크 방법이 될 것이다.

증여는 합법적인 제도다. 자식에게 재산을 물려줄 생각이라면 상속 대신 살아생전에 자식에게 증여하라고 사람들에게 권한다.

우선, 증여 제도에서 몇 가지 용어를 명확하게 구분할 필요가 있다. 증여란 타인에게 유형, 무형의 재산 또는 이익을 이전하여 타인의 재산 가치를 증가시키는 것이다. 반드시 증여 재산은 금전으로 환산 가능해야 한다. 증여하는 사람을 증여자라고 하며, 증여 받는 사람을 수증자라고 한다.

증여세 공제한도는 각각 다르다. 배우자에게 증여 받는 경우 6억 원이며, 직계존속과 직계비속의 경우 5천만 원이다. 미성년자의 경우 2천만 원, 6촌 이내의 혈족 또는 4촌 이내의 인척으로부터 증여 받는 경우 1천만 원이다.

또한, 직계의 범위를 이해하는 것이 중요하다. 직계란 친자 관계에 의하여 직접적으로 이어지는 수직적인 혈통을 말한다. 즉, 부모 외에 조부모, 증조부모 그리고 자녀, 손자녀를 일컫는다. 이 외의 관계는 모두 방계혈통이다.

'나'를 기준으로 보면, 친가의 경우 아버지, 조부모, 증조부모, 고조할아버지와 할머니 그리고 양부, 계부로부터 증여 받을 수 있다. 외가의 경우에는 어머니, 외조부모, 증조 외조부모, 고조 외조부모 그리고 양모, 계모가 증여자 범위다.

부모인 직계존속으로부터의 증여 받을 경우 증여공제액 5천만 원이라는 규정은 20년 동안 개정되지 않았다. 물가상승률을 감안해 개정 필요성이 대두되고 있었다.

2023년 세법 개정안에 신설된 증여공제가 있다. 혼인신고일 이전 2년부터 이후 2년까지 1억 원의 공제 한도가 신설된 것이다. 이것을 '혼인 증여자산 공제'라고 부른다. 기존의 공제한도 5천만 원을 합치면, 최대 1억 5천만 원까지 공제한도가 늘어난 것이다. 신혼부부 두 명이 각각 증여 받을 경우에는 일인당 1억 5천만 원씩 총 3억 원을 공제받을 수 있게 되었다.

부모가 재산을 물려줄 거라면 제때 증여해야 증여세를 절약할 수 있다. 먼저, 만 15세가 되었을 때 미성년자 비과세 증여 한도인 2천만 원을 증여한다. 유대인 양육 방법처럼 그때부터 재테크를 배우게 하는 것이 좋다. 25살이 되면 성년 비과세 한도인 5천만 원을 다시 증여한다. 10년에 한 번씩 정해진 한도까지만 비과세가 가능하므로 15살, 25살, 35살 … 이런 식으로 증여하면 된다. 물론, 결혼을 한다면 추가로 '혼인증여자산 공제' 제도를 이용해 비과세 한도까지 증여할 수 있다.

상황에 맞게 증여세를 절약하는 법

사실은, 아버지도 아들딸 나이를 기준으로 15살, 25살에 증여하지 못하는 우를 범했다. 작년에야 5천만 원씩 증여했다. 월세 살던 딸이 직장 근처로 거처를 옮기면서 전세로 오피스텔에 입주하게 되었다. 전세보증금이 2억 7천만 원인데 1억 원은 회사 임직원 대출(이율 1%임), 7천만 원은 서울시가 지원하는 버팀목 대출(이율 2% 이내)을 받았다. 어릴 때부터 딸이 모아왔던 쌈짓돈과 회사 다니며 모은 돈을 보태고 아버지가 5천만 원을 증여하여 입주했다.

아들의 경우, 작년 1월 회사 주식이 상장되면서 우리사주를 살 기회가 생겼다. 640주가 배정되었고 공모가가 주당 30만 원이라 1억 9천만 원 정도가 필요했다. 1억 원은 한국증권금융 담보 대출을 활용했고, 딸과 마찬가지로 어릴 때부터 모은 쌈짓돈을 보탰다. 그리고, 아버지가 5천만 원을 증여했다. 지금은 주가가 두 배 올라 나름, 부자 청년이 되었다.

'부담부 증여'라는 제도가 있다. 대출이나 전세를 끼고 담보채권을 함께 넘기는 경우를 말한다. 이 경우에는 증여가액 중 채무인수액을 제외한 부분에 대해서만 증여세율만큼 세금을 납입하면 된다. 증여세율은 인터넷을 검색하면 알 수 있다.

이때, 실제 채무가 맞는지 세무당국이 꼼꼼히 확인한다. 예를 들어, 아들에게 변칙으로 전세를 주고 전세금만큼 공제하며 부담부 증여를 하는지 확인한다.

부담부 증여가 유리한가, 불리한가의 관건은 주택가격이 아닌 채무액에 달려 있다. 증여세와 양도소득세를 잘 따져보아 어느 것이 유리한지 알아보아야 한다. 부담부 증여를 통해 인수한 채무액 자료는 국세청이 사후 관리한다. 금융채무나 전세보증금이 변동되거나 상환되었을 때, 어떤 자금으로 상환되었는지 확인하기 위해서다.

만약, 출처 없는 자금으로 상환되었고 이를 소명하지 못한다면 차후에 증여세가 추징될 수 있다.

증여의 경우에도 증여 취득세를 감안해야 하기 때문에 조정지역이나 1가구 다주택, 상속주택을 보유한 복잡한 경우에는 세무사나 회계사와 상담하는 것이 좋다.

증여 받는 것을 '아빠 찬스'라고 부르기도 한다. 주변 사람이 재산을 증여 받는 경우 부럽겠지만 받아들여야 한다. 증여취득세와 증여세 등 국가에 정당한 세금을 내고 자산을 이전하는 방식이기 때문이다. 국가가 거둔 세금이 나라 살림과 저소득층에 적절하게 사용된다는 점을 받아들이는 거시적인 사고가 필요하다.

사랑하는 아들아,
이 말만은 기억해다오.

돈은 유일한 해답은 아니지만
차이를 만들어 낸다.

Money is not the only answer,
but it makes a difference.

버락 오바마 Barack Obama

5장

돈 공부를
하면
얻게 되는 것들

"아들아, 부자가 되어 원하는 삶을
살아라"

돈방석에 앉으려면
매의 눈이 필요하다

전략

스티브 잡스나 빌 게이츠는 기술과 경영 능력을 겸비한 사람이다. 일본 최고 부자인 재일교포 손정의 회장도 마찬가지다. 우리나라의 IT 부자들은 기술력을 갖춘 다음에 사업 능력을 배웠다. 정도경영을 하면서 포용력과 리더십을 갖춘다면 엔지니어도 훌륭한 경영자가 될 수 있다.

미래에는 엔지니어보다 인문학, 경제학을 전공한 문과 출신이 유리해질 것이다. AI로 인한 4차 산업혁명 시대에 기술은 발전하겠지만, 감성, 유대, 공감 분야에서는 기계가 인간을 대체할 수 없기 때문이다. 마지막까지 인간 고유의 영역으로 남을 화두라고 생각한다.

사실과 논리라는 명제 앞에서도 싸워서 이겨내는 힘이 바로 인간의 공감 능력이다. 1조 원대의 사업가가 되기 위해서는 남들과 다른 감성 능력, 남의 마음을 움직이는 감동 콘텐츠가 있어야 한다. 그렇게 남과 다르게 유대하며 이끌어야 자산가가 될 수 있다.

미국에서 사업을 시작한 김승호 회장이 외식 프랜차이즈 사업으로 크게 성공했다. 하지만, 국내에는 아직 유니콘 외식기업이 나오지 않고 있다. 그런데 주목할 만한 인물이 있다.

젊은 경영인 고피자(GOPIZZA)의 임재원 대표다. 그가 〈매일경제신문〉 인터뷰에서 밝힌 사업구상을 인용해본다.

첫째, 10년 내에 전 세계 1만 개의 매장을 여는 게 목표라고 말했다. 맥도날드가 4만 개의 매장을 갖는 데 80년이 걸린 것을 참고해 보면, 그의 사업구상이 얼마나 원대한지 알 수 있다.

둘째, 삼성전자, 현대자동차 다음으로 유명한 한국의 글로벌 브랜드 기업이 되겠다고 포부를 밝혔다.

셋째, 국내 최초로 기업가치 1조 원, 즉 유니콘 스타트업 외식기업이 되겠다는 것이다.

그는 '로봇이 굽는 1인용 피자'를 개발했다. 1인용 피자는 양을 줄이고 3분 만에 화덕에 구운 피자다. 햄버거처럼 빠르게 먹을 수 있는 장점이 있다. 더 놀라운 것은 '고븐2.0', '고봇', 'AI토핑테이블' 등 디지털 기술을 활용했다는 사실이다. 사람이 '고븐2.0'이라는 컨베이어 벨트에 피자를 올려놓기만 하면 피자를 굽고 손님에게 제공하기까지 전 과정을 로봇과 AI가 해결한다. '고봇'이라는 로봇팔이 토핑을 마치고 화덕에 피자를 구워 손님상에 내가기까지 모든 과정에서 디지털 기술이 활용되는 전자동 시스템이다.

임 대표는 싱가포르에서 대학을 마치고, KAIST에서 경영공학 석사학위를 받았다. 대형 피자 체인에서 주방보조, 동네 피자가게 알바를 경험했다. 그리고 2016년, 2천만 원을 들여 중고 트럭을 사서 개조했다. 그리고 기발한 마케팅 아이디어를 내서 자신을 브랜딩하는 데 성공했다. 보육원에 100인분 피자 무료나눔 행사를 벌인 것이다.

이 경험을 강점으로 내세워 경쟁률이 높아 뚫기 어렵다는 서울시 야시장에 입점할 수 있었다. 여의도 한강공원 '야시장의 피자 맛집'이라는 입소문을 낸 것이다.

고피자는 55개국에 걸쳐 180여 개의 매장을 가지고 있다.

최근에 세계 최대의 공항인 싱가포르 창이공항에 매장을 오픈하기도 했다. 대기업 CJ도 '고피자'의 가맹점주다. 한국과 인도네시아 CGV 10곳에 매장을 연 것이다.

임재원 대표는 1989년생으로 아직 30대의 청년이다. 외식업의 강자로 떠오르는 그의 행보가 기대된다.

기발한 아이디어나 남다른 차별성으로 돈방석에 앉는 사람들이 있다. 그저 운이 좋거나 때를 잘 만나서 이루어낸 것 같지만 그렇지 않다. 이들의 성공스토리를 들어보면 몇 번의 역경을 이겨내고 얻은 결과라는 것을 알 수 있다.

골드러시 시대에 많은 사람들이 미 서부지역 광산에 몰려들었다. 일확천금을 꿈꾸는 사람들이었다. 그들은 금을 캐는 노동으로 쉽게 돈을 벌었지만, 도박으로 날리는 경우가 많았다. 그렇게 돈이 모이는 지역에 도박도시 '라스베이거스'가 탄생했다.

노동으로 금을 캔 광부들 중에 부자가 된 사람은 많지 않았다. 아이러니하게도, 금광 주위에서 돈을 번 사람은 삽을 판 철물점과 도박자금을 빌려준 대금업자였다. 그리고 찢어지지 않는 청바지를 만든 리바이스 형제였다.

노동으로 인한 수입으로는 큰돈을 벌기 어렵다. 배후산업이 오히려 돈을 번다는 것을 알아야 한다. 이렇게 산업이 흥하거나 망하는 뒤에서 차별화를 통해 틈새시장에서 돈을 버는 사람들이 있다. 그들처럼 매의 눈을 가지도록 노력해야 한다.

부자아빠의 돈 공부

남과 다른 마인드가 틈새시장에서 성공하는 지름길이다.

돈으로 시간과 행복을 살 기회가 많다

행복

인간은 누구나 행복하기를 원한다.

재미와 즐거움은 행복을 주는 요소다. 돈이 많으면 재미난 일을 할 수 있고 행복해질 기회가 많아진다. 다른 일에 지배받지 않고 시간적인 여유가 생기기 때문이다. 맛있는 음식을 먹거나 가까운 사람들과 관계하는 즐거움도 행복한 일이다. 그런데 행복을 느끼는 기준이 사람마다 다른 게 문제다.

어떤 사람은 짬뽕 한 그릇을 먹으며 행복하다고 말한다. 그런데 어떤 사람은 진수성찬을 먹으면서도 자기보다 더 부자들이 먹는 음식을 부러워한다.

아버지의 회사에서 영업을 하는 A는 항상 매출도 소득도 뒤처지는 사람이었다. 그러던 그가 갑자기 매출이 오르고 소득도 높아졌다. 다른 사람들이 참석한 회의에서 소득이 늘어난 기분이 어떤지 물어봤다. 그의 대답이 조금 엉뚱했기에 시간이 많이 흘렀지만 기억에 남는다.

"행복하지 않아도 좋으니 돈만 많았으면 좋겠습니다."

그런데 아버지의 생각은 다르다. 돈보다 중요한 것이 행복이다. 그리고 건강이다. 행복하기 위한 도구로 돈이 존재하는 것이지 돈이 최후의 목적이 되어서는 안 된다.

최종 목적지는 행복이다. 원하는 행복의 조건들을 이루어줄 도구로서 돈을 충분히 활용할 줄 알아야 한다.

돈과 행복의 관계

연봉이 3천만 원인 A가 신용카드 할부를 이용해 2백만 원짜리 핸드백을 샀다. A는 할부를 갚아가는 기간 내내 아끼고 아껴야 한다. 버는 돈의 절반을 저축하고 나머지 돈으로 신용카드도 결제하고 생활비도 부담해야 하기 때문이다. 그래도 A는 핸드백을 들고 다니는 날마다 행복하다는 마음이 든다.

반면, 연봉이 1억 원인 B가 가벼운 마음으로 신용카드 일시불로 같은 핸드백을 샀다. 그날은 기분 전환이 되지만, 다음 날부터 행복하다는 생각이 들지 않는다. 오히려 더 비싼 백을 들고 다니는 사람을 동경한다.

행복의 기준은 사람마다 다르다. 연봉이 높을수록 자동차, 집, 귀금속 등 소유하고 싶어 하는 것이 늘어나고 원하는 가격대도 높아지게 마련이다.

사람들은 돈이 많아야 행복할 것이라고 믿는다. 정답은 없지만, 돈이 많으면 행복해질 기회가 늘어난다는 것은 분명하다. 그래서 행복하게 살기 위해 제일 갖고 싶은 것이 무엇인지 물어보면, 대부분의 사람들이 돈이라고 대답한다.

"내 뜻대로 되는 게 하나도 없다"라는 말은 하지 마라. 그런 말을 내뱉는 사람은 스스로 불행을 불러들이고 있는 것과 같다. 나이가 들어서 평생 내 맘대로 살지 못했다는 후회와 아쉬움이 남는다면 얼마나 불행한 삶이겠는가.

지난 과거를 생각하면 핑계가 많아진다. 돈이 없어서, 재능이 부족해서, 집안이 안 좋아서, 사람을 잘못 만나서…. 그런데, 인생의 모든 문제는 잘못된 선택 때문인 경우가 많다. 순간순간 자신이 내린 선택이 쌓이고 쌓여 만들어진 것이 인생이다. 순간순간을 잘 선택하고 즐기면 그게 행복이라는 말이다.

카르페 디엠(carpe diem)이라는 말처럼 현재 이 순간을 즐기고 받아들이면 된다. '오늘'이 단 한 번뿐이라는 생각으로 현재 충실해야 한다. 긍정적으로 살며 선택한 것에 감사한다면 그게 행복이다. 항상 즐겁고 행복한 사람은 없다.

법륜스님의 말을 되새겨본다.

"즐거움과 괴로움, 행과 불행은 되풀이된다. 이것이 윤회이자 인생이다."

부자아빠의 돈 공부

돈이 행복의 척도는 아니다.
하지만, 돈이 많으면 행복해질 기회가 많다.

경제 공부는 인생 공부다

인생 공부

개인 자산 1조 원에 달하는 한국인은 발표되는 자료마다 조금 다르지만 서른 명 내외다.

상속자산이 아니고 스스로 사업을 일구어낸 경우를 살펴보면, 김범수 카카오 의장을 비롯해 NXC 유정현, 셀트리온 서정진, 스마일게이트 권혁빈, 두나무 송치형, 하이브 방시혁, 네이버 이해진, 넷마블 방준혁, NC소프트 김택진, 부영그룹 이중근 회장 등이 있다. 상속이나 증여가 아닌 1세대 사업가가 절반이 넘는다.

1조 원의 사업가가 된 사람들을 통해 그들이 남들과 다른 능력은 무엇일까?

첫째, 대담하게 진행하는 능력이다.

새로운 아이디어를 찾아내면 누구보다 먼저 사업에 반영해서 시장에서 선구자 역할을 한다. 그들의 과단성, 민첩성은 남다른 성과를 내는 밑거름이 된다. 결국, 그 분야의 선봉장으로 보기 좋게 성공한다.

둘째, 창의성과 문제해결 능력이다.

크게 성공한 사업가들은 창의적인 마인드를 가진 사람이 대부분이다. 문제에 부딪혀도 현재의 시장 상황 속에서 기어코 답을 찾아내는 사람들이다.

셋째, 대인관계와 협업 능력이다.

자신의 비전을 이해하는 사람들과 관계 형성을 잘한다. 필요하다면 협업하거나 과감한 M&A를 통해 경쟁력을 배가한다. 2023 포브스 선정 세계 최고 부자인 LVMH 그룹의 베르나르 아르노 회장은 50여 개의 명품 브랜드를 소유하고 있다. 그는 창업보다 M&A를 통해 명품 브랜드의 제국을 만들었다.

유발 하라리Yubal Noah Harari는 『사피엔스』(김영사, 2015)에서 "인간은 강력한 사회적 유대를 형성하는 쪽으로 진화했다"고 했다. 협동하는 방법을 알고 협업했기 때문에 인간이 생태계

먹이사슬 꼭대기에 오를 수 있었는지도 모른다.

넷째, 자신감과 인내심이다.

실패와 어려움 없이 꽃길만 걸으며 성공한 사업가는 없다.
1세대 1조 클럽 자산가 모두가 난관에 부딪혔을 때, 자신에게
동기를 부여하며 인내해 왔기 때문에 지금의 성공을 거둘 수
있었다.

다섯째, 리더십이다.

포용하는 리더십, 공감하는 리더십, 소통의 리더십은 성공
한 사업가에게 기본 중의 기본이다.

이 외에도 기회를 포착하는 능력, 자금관리 능력, 자신의 삶
을 균형적으로 관리하는 능력이 있어야 한다. 이러한 자질이
두루 갖추어져야만 큰 자산가가 될 수 있다.

결국, 인생을 어떻게 살아가는가가 부의 그릇을 결정한다.
경제 공부는 인생 공부라고 할 수 있다.

1조 원의 갑부가 된 1세대 사업가의 성공비결 중 다른 하나
는 인맥관리다. 아버지는 사업을 시작하는 사람에게 반드시

회사에 믿을 만한 사람이 한 명은 있어야 한다고 조언한다. 아버지는 운좋게도 지금 사업체에 믿고 맡길 수 있는 스태프가 몇 명이나 있다. 수백 명의 직원 중에 한 명이 별 것 아닌 것 같지만, 사장과 같은 마음으로 회사에 다니는 사람을 찾기는 어렵다.

경제 공부가 경제 지식과 지표를 보는 능력에 국한되는 것은 아니다. 경제 지식 못지않게 중요한 것이 많다. 인맥관리, 소통, 말투와 태도 등 다양한 덕목을 갖추어야 한다. 경제 공부에 인생 공부가 같이 수반되어야 부와 성공을 이룰 수 있다.

부자들의 계산법은 무엇이 다를까?

재미있는 산수 문제를 하나 풀어보자.

이제 막 성인이 된 스무 살의 청년에게 10억 원의 재산이 있다고 가정해보자. 40년 후, 청년이 60세가 되었을 때 10억 원의 화폐가치는 얼마가 되었을까?

(화폐가치 만큼 화폐가 유지된다는 단순 계산으로 가정했을 시) 물가가 연 5%씩 상승한다고 감안하면, 지금의 10억 원은 40년 후의 약 70억 원과 같다. (역으로 생각해보면, 화폐가치가 매년 5%

씩 하락하는 것과 같다.) 이는 부동산이든 다른 물건이든 어떤 물건의 교환 가치로 대입해도 마찬가지다.

또한, 이 70억 원을 투자해서 매년 10%의 투자수익이 난다고 가정해보자. (설명의 이해를 돕기 위한 것이므로, 단순하게 평균값으로 계산해본다.)

우선, 40년간의 평균값(1/2)으로 역산하면 35억 원이 된다. 그리고, 평균 잔고 35억 원의 10%인 3억 5천만 원을 40년으로 곱하면 140억 원이다. 즉, 140억 원이 40년간의 총 투자수익액이 되는 것이다.

여기에 10억 원의 40년 후의 화폐가치 변동액 70억 원을 더하면 210억 원이 된다. (이 단순 계산법은 40년 후 화폐가치를 기준으로 구한 값이기 때문에 지금의 210억 원이라고 착각해서는 안 된다. 매년 화폐가치는 하락하기 때문이다.)

물론 40년 연달아 똑같은 수익률을 낼 수는 없다. 단순한 시뮬레이션에 불과하지만, 여기에서 얻을 수 있는 지혜가 있다.

아이가 스무 살이 되었을 때 100억 원을 증여할 수 있다면 그들이 60세가 되는 40년 후에 수천억 원의 자산가가 될 수 있다는 말이다. 아들딸 직업에서의 생산 활동, 사업수익을 보탠다면 40년 후, 1조 원의 자산가가 되지 말라는 법도 없다.

2023년 8월 30일자 〈조선일보〉에 '美 IT 갑부들이 1조 원 투자 반값 신도시를 만든다'는 재미있는 기사가 실렸다. 미국 실리콘밸리의 IT 부자들이 돈을 모아 샌프란시스코에서 85km 떨어진 솔라노 카운티라는 시골 농지에 신도시를 만든다는 것이다.

실리콘밸리 억만장자들은 '플래너리 어소시에이츠(Flannery Associates)'라는 부동산 개발회사를 만들어 이 지역 땅을 8억 달러(약 1조 원)에 사들였다. 사들인 땅은 서울 면적의 1/4 정도다. 이 지역을 하이테크 신도시로 개발하면 투자자들은 물론 주민들도 이득이다. 고임금 일자리, 주거환경 개선, 에너지 수급의 개선 등 파급 효과가 생긴다.

이 투자에 여러 명의 캐피털, 핀테크 갑부들이 투자했다. 스티브 잡스의 미망인 로렌 파월 잡스Laurene Powell Jobs도 투자자 중 한 명이다. 로렌 파월은 에머슨 콜렉티브의 회장이면서 월트 디즈니 컴퍼니의 최대주주이기도 하다. 이 개발에 투자한 갑부들은 나중에 엄청난 부동산 차익을 얻게 될 것이다. 그야말로 돈이 돈을 버는 메커니즘의 원형이 될 것이다.

이 밖에도 민간이 주도하여 작은 신도시를 만든 사례가 많다. 테슬라가 오스틴에 만든 '테슬라 유토피아', 구글이 새너

제이에 만든 '구글 웨스트', 애플이 쿠퍼티노에 만든 '애플파크'가 있다.

큰 부자들이 하는 생각법은 역시 남다른 데가 있다. 그들의 생각법을 따라가는 것도 좋은 경제 공부가 될 것이다.

부자아빠의 돈 공부

경제 공부는 결국 인생 공부였다.

어디서나 통하는 비밀의 법칙

황금률

강력한 콘텐츠는 세상에 빨리 퍼진다.

잘 만들어진 SNS 플랫폼은 부동산 못지않은 자산가치가 있다. 한 명의 아이디어로 수만 명을 먹여 살릴 수 있는 콘텐츠가 될 수 있다. 한편, 한 명의 그릇된 신념으로 전쟁이 일어나듯, 하나의 SNS 계정이 거짓 사실로 사람들을 폭도로 만들 수도 있다. 디지털은 잘 사용하면 편리한 도구지만 잘못 사용하면 독약이 될 수 있다.

그래서 디지털을 대하는 사람들에게 바른 자세와 윤리가 필요하다. AI 시대에도 황금률을 지키는 사람이 세상을 이롭게 할 것이다. 온라인에서도, 오프라인에서도 남을 우선하여 배려하는 마음이 필요하다.

오프라 윈프리는『내가 확실히 아는 것들』(북하우스, 2014)에서 이렇게 말했다.

"모든 것을 감사히 여긴다면 당신의 세계가 완전히 변할 것이다. 가지지 못한 것 대신, 내가 이미 가지고 있는 것들에 초점을 맞춘다면 자신을 위해 더 좋은 에너지를 만들어 낼 수 있을 것이다."

사이토 히토리의 첫 책『철들지 않은 인생이 즐겁다』(비전코리아, 2012)이 우리나라에 소개되었을 때부터 엄마는 그의 광팬이 되었다. '운을 부르는 습관', '말이 돈의 에너지'라는 그의 주장에 열광했다.

히토리는 다이어트와 한방 식품 등 건강보조식품 유통회사 '긴자마루 칸'의 창업자이자 경영인이다. 이 회사는 화장품을 유통하는 것으로도 유명하다. 또한, '일본한방연구소'라는 법인도 운영하고 있다.

그는 1993년부터 2005년까지 12년간 일본 개인고액납세자 Top10에 들었으며, 1997년과 2003년에는 납세 1위를 기록했다. 주식이나 부동산의 매각으로 인한 납세가 아닌 개인 사업소득세로 매겨진 랭킹이라 더욱 뜻깊은 기록이다.

그가 책에서 말한 것을 세 가지로 요약해 본다.

첫째, 말을 바꾸면 인생이 바뀐다.

자기계발을 다룬 책에 흔히 나오는 주제지만, 그도 말 습관
이 부자가 되기 위해 제일 먼저 갖추어야 할 덕목이라고 말한
다. '나는 부자다'. '나는 행복하다', '이 일은 내가 제일 잘 할
수 있다'고 확언하면 머릿속 회로가 긍정적인 방향으로 바뀌
게 된다고 주장한다.

또한, 그는 가난한 삶에 한숨짓지 말라고 한다. 매사를 불평
불만하면 좋은 결과를 만들기 힘들어지는 것이다. '나는 한심
하다', '뭘 해도 되는 게 없다', '돈이 없어 죽겠다'라고 되뇌면
서 살면 궁핍한 삶을 부르는 것이다. 월급이 쥐꼬리만하다거
나 카드빚을 갚으니 남는 게 없다고 구시렁대면 부자가 될 기
회를 발로 차는 것이다. 말이 인생을 좌우하는 제일 큰 도구라
는 그의 주장을 되새겨야 한다.

둘째, 행동습관도 중요하다.

그는 『부자의 행동습관』(다산북스, 2016)이라는 책에서 "마

음속의 생각을 행동으로 옮겨라. 행동하지 않으면 행복도 성공도 성취할 수 없다"고 주장한다. 생각에 엄청난 힘이 숨겨져 있기 때문에 생각을 해야 부자가 될 수 있다고 말한다. 생각이 가난한 사람은 부자가 될 수 없고 행동을 해봐야 옳은지 그른지 알 수 있다고 주장한다. 이루고 싶은 생각에 에너지를 더하면서 실천한다면 성공은 누구에게나 찾아온다고 말한다.

셋째, 긍정적인 에너지를 가져야 운이 따른다.

운이 없는데 큰 부자가 되기는 쉽지 않다. '운칠기삼'이라는 시쳇말이 있다. 이 말처럼 운이 70%까지 작용한다는 말에 동의할 수는 없지만, 유독 운이 따르는 사람, 더 많은 기회가 있는 사람은 분명히 존재한다. 이런 행운과 기회는 생각하고 행동하는 사람에게 자주 나타날 수밖에 없다.

나부터 황금률을 지킨다면 나처럼 황금률을 지키는 사람들과 '유유상종' 하는 무리가 만들어질 것이다. 이런 모임은 유익한 커뮤니티가 된다. 그리고 커뮤니티의 리더가 된다면 부와 성공을 이루는 삶이 펼쳐질 것이다. 습관을 바꾸고 라이프 사이클을 바꾸는 것이 중요하다. 특히, 중요한 것은 황금률을 지키는 마음이다.

나폴레온 힐은 "이 세상은 승자에게는 따뜻하지만, 패자에게는 매정하다"고 말했다.

아들아, 부자가 되어 따뜻하게 원하는 삶을 살길 간절히 바란다.

부자아빠의 돈 공부

나부터 황금률을 지킨다면 나 같은 사람들과 커뮤니티가 만들어진다.
나부터 황금률을 지키는 마음을 가져야 한다.

세상을 넓고 깊게 보라
(중국과 인도)

21세기 이후 신흥강대국으로 성장하고 있는 브라질, 러시아, 인도, 중국 그리고 남아프리카공화국을 지칭하는 말이 '브릭스(BRICs)'다.

2023년 8월, 신흥경제 5개국인 브릭스 국가들이 새 회원국으로 6개 나라의 가입을 승인했다. 새로 가입하게 된 국가는 사우디아라비아, 이란, 아랍에미리트(UAE), 아르헨티나, 이집트 그리고 에티오피아다.

현재 중국과 미국은 첨예하게 무역전쟁 중이다. 미국은 중국의 부상을 최대한 지연시키려고 한다. 이 틈에 인도가 부상하고 있다. 미래는 인구가 국력이 되는 시대가 될 것이다. 인도 인구는 14억 명으로 근소하지만, 중국을 제치고 세계 1위다. IT, 과학기술 등 첨단기술 인프라도 튼튼하다.

하지만, 내세가 있다고 믿는 사람들이 많아서 아등바등 재물을 모으려고 하지 않는다. 이번 생을 가난하게 살면 다음 생에서 부자가 된다고 생각하는 사람이 많다고 한다. 그래서인지 빈곤층이 많다. 카스트 제도가 경제성장에 발목을 잡는다는 견해도 있다.

최근에 미래학자 박영숙이 공저자로 참여한 『세계미래보고서 2023』 (비즈니스북스, 2022)를 재미있게 읽었다. 저자는 인구가 국가의 중요한 미래 자산이라고 주장한다. 유럽, 미국과 캐나다, 그리고 우리나라와 일본 등 선진국들은 저출산이라는 공통의 문제에 봉착해 있다. 이 나라들이 저출산 문제를 해결하지 못한다면, 수백 년 뒤 미래 세상은 중국인, 인도계, 그리고 아프리카 흑인이 대부분을 차지하게 될 것이다. 한편, 인구를 무기로 빠르게 성장하고 있는 중국과 인도 두 나라는 매우 다르다.

첫째, 정치체제가 다르다.

중국은 사회주의 국가로 공산당 단일 정당 체제다. 반면, 인도는 민주주의를 표방하는 다당제 국가다. 아이러니하게도 인도의 카스트제도는 민주주의 정신인 평등주의에 반하는 제도지만, 인도에는 신분의 차별을 받아들이고 다른 사람을 포용하는 너그러운 문화가 있다. 중국의 사회주의 획일성과 다르게 인도는 이질적이고 다양함을 받아들이는 데 너그러운 편이다. 수용과 포용, 공존이 가능한 나라다.

둘째, 문화와 언어 측면에서 다르다.

중국은 단일 언어를 표준어로 채택해 언어의 통일을 추구한다. 반면, 인도는 22개의 언어가 공존한다. 그리고 힌두교, 시크교, 이슬람교, 불교 등 다양한 종교가 있다. 인도 문화를 한 마디로 '다채로움 안에서의 통일성(Unity in Diversity)'이라고 표현하기도 한다.

셋째, 경제구조가 다르다.

중국은 제조업의 내수와 수출을 통해 경제성장을 이루어 냈다. 반면, 인도는 서비스와 IT, 과학기술을 기반으로 성장하고 있다. 세계적인 경제매거진 〈이코노미스트〉에 '인도 정부는 약할지 몰라도, 인도의 민간 기업들은 강하다'라는 기사가 실린 적이 있다. 인도는 풍부한 노동력을 기반으로 정보기술, 자동차산업, 제약 부문에서 두드러진 성장을 거두고 있다. 또한, 외자 유치를 세계에서 가장 많이 하는 나라다.

넷째, 국제관계를 대하는 방식이 다르다.

중국은 미국과 심하게 갈등하고 있다. 미국을 경쟁자로 인식하며, 중화사상으로 인해 중국이 세계의 중심이라고 생각한다. 반면, 인도는 미국이나 유럽 국가들과 화합하는 외교정책을 펼친다. 미국과 중국이 대립하는 사이, 가장 큰 이득을 보는 나라가 인도다. 중국과 인도 모두 핵을 보유한 강대국이라는 점도 간과해서는 안 된다.

다섯째, 역사적 유산이 다르다.

두 나라 모두 세계 4대 문명의 발상지로, 중국의 황하문명과 인도의 인더스문명이 일어났다. 하지만, 역사적으로 차이점이 많다. 중국이 권력의 힘으로 사람들을 지배했다면, 인도는 종교의 힘으로 사람들을 포용한 역사를 가지고 있다.

앞으로는 누군가가 외국으로 유학을 간다면 미국이나 유럽, 일본보다 중국, 인도, 싱가포르, 홍콩으로 가라고 권하고 싶다.

중국은 '일대일로(One Belt One Road) 프로젝트'를 통해 유럽과 아시아 간의 연결을 강화하려고 노력하고 있다. '일대일로'란 고대 동서양의 교통로인 실크로드를 다시 구축하겠다는 시진핑 주석의 정책이다.

인도는 '디지털 인도 프로젝트(Digital India Project)'를 통해 디지털 인프라를 구축하고 교육, 금융, 서비스 분야에서 디지털 세계화를 꿈꾸고 있다.

양국 모두 자기들이 주도하는 플랫폼을 만들려고 노력한다.

물론, 두 나라는 문제점도 많다.

예를 들면, 중국의 경우 세계 최대 탄소배출 국가라는 오명을 안고 있다. 제조업 중심의 산업을 개선해야 한다. 또한, 황사 문제도 있다. 사막화를 방지하고 산림을 조성해서 이웃 국가에 피해를 주지 말아야 한다. 인도도 사회적 불평등이라는 고질병을 앓고 있다. 빈부 격차, 교육 격차, 신분 차별 등 어느 나라보다 양극화가 심한 나라다.

그럼에도, 중국과 인도의 인구는 세계 인구의 35%에 달한다. 그 시장을 주목해야 한다.

사랑하는 아들딸아,
이 말만은 기억해다오.

명확한 목표가 없다면,
우리는 사소한 일상을 충실히 살다
결국 그 일상의 노예가 되고 말 것이다.

In the absence of clearly-
defined goals, we become
strangely loyal to performing
daily trivia until ultimately we
become enslaved by it.

로버트 하인라인Robert Heinlein

사람에게 가장 큰 상처는 빈 지갑이다 그러니 아들딸아, 꼭 부자가 되어라

아버지는 어린 시절 가난을 겪었다. 그래서 자식에게만은 가난을 대물림하지 않으려고 치열하게 살아왔다. 덕분에 아들딸은 결핍을 모르고 자랐다.

이제 아버지는 회사 일선에서 한 걸음 물러나 배당소득을 받는다. 임대사업자이고 1인기업의 대표이기도 하다. 그리고 에세이 작가이자 소설 습작생이기도 하다. 아버지는 이 나이에도 여전히 새로운 일에 도전하며 살고 있다.

조만간 북카페, 서점 그리고 출판사를 입점시킬 건물을 지으려고 한다. 이 공간에 아버지가 서재로 활용할 공간도 마련하려고 한다. 글 쓰는 삶을 살아가기로 마음먹은 아버지의 마지막 소망이다. 이곳은 아버지의 놀이터가 될 것이다.

지금껏 살아오며 다양한 성공과 실패를 겪었고 깨달았던 것들을 이 책에 담았다. 이 책을 쓴 이유는 사랑하는 아들딸에게 하루빨리 돈 공부를 시키고 싶다는 바람에서였다.

자본주의 사회에서 돈은 생활필수품이다. 하지만 얼마의 돈을 가져야 행복한가에 대한 척도는 사람마다 다르다. 아버지는 아들딸이 행복한 부자가 되길 바란다. 돈 때문에 상처받지 않고 원하는 삶을 살기를 바란다.

만약, 아버지가 아들딸이 태어났던 30년 전으로 돌아가 1억 원이라는 돈이 있다면 어떻게 재테크를 할까?

첫째, 부동산 투자를 한다면, 새롭게 세팅될 지역을 주목해야 한다. 하나는 '인천 부평구 산곡동' 일대의 재개발 물건이다. 산곡도시환경구역, 산곡 2~7구역, 청천 1, 2구역에 2만 세대가 입주한다. 이 정도 규모라면 산곡동 일대를 갈아엎는 수준이며 신도시급 재개발이다. 최근 부동산 경기가 하락해 P가 많이 내려갔다. 때를 잘 판단해 급매로 나온 물건을 잡는다면 높은 수익률을 기대할 수 있을 것이다.

또 하나는 목동 배후 '신월시영아파트'를 주목하고 있다. 전세를 끼고 매입해서 재건축을 노리는 것이다. 신월시영은 단지 내에 학교가 있는 '학품아'이고, 3천 세대 대단지로 재건축이 추진된다. 신통기획(신속통합기획) 패스트트랙 재건축 단지로 선정되어 사업시행인가, 관리처분인가 등 재건축이 빠르게 추진될 것이다. 하지만, 전세 레버리지를 이용해도 2억 원대의 투자금이 들어간다는 점을 꼭 유의해야 한다. 이자를 감당하면서 대출 레버리지를 추가로 활용하거나 다른 자금원이 필요하다.

둘째, 금융투자를 한다면, 절반을 엔화 예금에 가입할 것이다. 지금 엔화가 저평가되어 있지만, 기축통화 국가인 만큼 안전한 투자라고 생각한다. 그리고 다시 환율이 오를 가능성이 높다. 나머지 절반은 현금성 자산인 귀금속 ETF에 투자할 것이다. 또한 월급에서 실손보험, 청약저축, 종신형 연금보험에 납입하고, 나머지는 삼성전자 주식을 매월 매수하여 보유량을 보태 갈 것이다.

종신형 연금보험은 죽을 때까지 연금이 나오는 상품이다. 지금 평균수명이 여자 84세, 남자 81세 내외지만, 의료기술의 발전으로 빠르게 늘어나고 있다. 100세 시대가 온다는 예상에 종신형 연금보험을 없애는 보험회사가 늘고 있다. 수명이 늘어나는 만큼 보험회사가 연금을 지급하려면, 부담이 늘어나기 때문이다.

부자아빠의 돈 공부

하지만, 인생에 '만약에'는 있을 수 없다. 그저 지난 경험을 거울삼아 더 나은 미래를 꿈꿀 뿐이다. 박웅현의 『여덟 단어』(인티N, 2023)에 나오는 여덟 개의 키워드는 '자존, 본질, 고전, 견(見), 현재, 권위, 소통, 인생'이다. 여덟 개로 쪼개졌지만 결국 연결되면서 '인간다움'이라는 하나의 방향으로 나아간다.

아들딸이 이 책을 읽으며 여덟 개의 키워드가 황금률의 가르침과 일맥상통한다고 생각했으면 좋겠다. 황금률의 원칙을 지키는 사람은 반드시 성공할 것이다.

"네가 원하는 것을 가진 사람들을 축복하라."

"남에게 대접받고자 하는 대로 남을 대접하라."

황금률은 성서에 나오는 말이지만 다른 종교 경전에도 비슷한 말이 나온다. 논어에도, 불경에도 이 법칙이 담겨 있다. 세상이 빠르게 진화하고 디지털 세상이 와도 황금률의 원리는 여전히 중요한 가치를 지닐 것이다. 사람은 혼자 살 수 없다. 아들딸이 황금률의 원리를 지키며 부자의 길에 들어선다면 보란 듯이 행복한 삶을 살 것이라고 믿는다.

아들딸아! 사랑하고 응원한다. 수호자의 가슴으로.

아들딸이 행복한 부자가 되길 바라는

아버지가

부자아빠의 돈 공부

1판 1쇄 인쇄 2024년 1월 15일
1판 1쇄 발행 2024년 1월 24일

지은이 이용기
발행인 김태웅
기획편집 이미순, 유효주
표지디자인 섬세한 곰   **본문디자인** 호우인
마케팅 총괄 김철영   **마케팅** 서재욱, 오승수
온라인 마케팅 하유진   **인터넷 관리** 김상규
제작 현대순   **총무** 윤선미, 안서현, 지이슬
관리 김훈희, 이국희, 김승훈, 최국호

발행처 ㈜동양북스
등록 제2014-000055호
주소 서울시 마포구 동교로22길 14(04030)
구입 문의 (02)337-1737 **팩스** (02)334-6624
내용 문의 (02)337-1763 **이메일** dymg98@naver.com

ISBN 979-11-5768-995-8 03320